자기주도학습자로 성장시키는 힘

임파워링

자기주도학습 시리즈 01

자기주도학습자로 성장시키는 힘

임파워링

존 스펜서 · A.J. 줄리아니 지음

윤수경 옮김

교육을바꾸는사람들

아이들 스스로 결정할 수 있는데도 내가 대신 해주고 있는 것은 무엇인가?

순응하는 학생도,
단순히 수업에 참여하는 학생도 아닌
자기주도적 학생을 원하는 교사는
과감하게 임파워링한다.

CONTENTS

교사로서, 부모로서 우리의 일은 아이들을 '무언가'에
대비시키는 게 아니다. 우리의 역할은 아이들 스스로
'무슨 일에도' 대처할 수 있도록 돕는 것이다.

아이들에게 임파워링한다는 것은 각자 자신의 열정, 흥미,
미래의 꿈을 추구하는 데 필요한 지식과 스킬을 갖추도록
돕는 것이다.

완전히 자유롭든 다소 제한이 있는 선택권을 갖게 되면,
아이들은 배움을 더 깊은 수준으로 끌고 간다.
선택권을 주는 것이 임파워링과 학생 주도성의 핵심이다.

일러두기

1. 이 책에서 임파워(empower), 임파워링(empowering), 임파워먼트(empowerment)는 문맥에 따라 혼용되고 있으며, 본 번역서에서는 역동적인 느낌을 강조하고자 임파워링(empowering)을 주로 사용합니다.

2. 옮긴이 주는 용어 뒤에 괄호(-옮긴이)로 표기하되 부득이한 경우(삽화에 딸린 용어의 옮긴이 주)에는 별도로 빼서 우측 하단에 일련 번호 혹은 기호(*)를 붙여 표기했습니다.

3. 도서는 번역서가 출간된 경우 번역서명(원서명) 순으로 한영 병기를 했고, 그렇지 않은 경우 원서명(한글 뜻풀이) 순으로 표기했습니다.

왜 임파워링인가

조지 쿠로스(George Couros)

순응과 참여를 강조해온 기존의 교육관은
이제 임파워링으로 전환해야 한다.
배움의 주체, 삶의 주체로 성장시키는 힘, 임파워링

최근에 나는 한 교사가 '순응'이 아이들에게 나쁜 게 아니라고 얘기하는 것을 들었다. 교육에 대해 꽤나 보수적인 관점을 가진 교사였는데 그는 한술 더 떠 아이들은 '복종하는' 태도를 지녀야 한다고 말했다.

나는 그 말을 듣고 조금 당혹스러웠다.

실은 많이 당혹스러웠다.

'복종하는'이라는 단어의 사전적 의미는 다음과 같다.

복종하는(obedient): 명령이나 요청에 따르거나 기꺼이 따를 의지가 있는, 남의 의사를 그대로 따라서 좇는

아이들이 교사의 뜻대로 따르는 것, 이것이 진정 우리가 바라는 것일까? 우리는 아이들이 낡은 생각에 도전하고 스스로 사고하기를 원하는가, 아니면 그저 우리가 시키는 대로 따르기를 원하는가?

교장에게 '복종하고' 싶어 하는 교사는 많지 않을 것이다. 아이들도 마찬가지다. 교사인 우리 자신도 따를 수 없는 원칙을 아

이들에게 강요하거나 가르칠 수는 없는 노릇 아닐까?

이제 '순응하는'이라는 단어를 살펴보자.

순응하는(compliant): 과할 정도로 남에게 동조하거나 규칙을 잘 따르는 경향이 있는, 묵묵히 따르는

순응해야 한다고 가르치는 것이 나쁜 일일까? 그렇지는 않다. 살다 보면 순응해야 하는 상황이 있다. 세금 낼 때를 생각해 보자. 그럴 때는 국가가 정한 법규에 순응해야 한다. 교사도 업무를 하면서 순응해야 할 때가 있다. 예컨대 마감일에 맞추어 성적표를 제출해야 할 때가 그렇다.

이처럼, 순응하는 것 자체가 나쁜 것은 아니다. 하지만 이것이 교육의 최종 목표가 되어서는 안 된다.

이제 교육은 순응(compliance)을 넘어서서 참여(engagement)로, 참여를 뛰어넘어 임파워먼트(empowerment)로 계속해서 나아가야 한다.

이 개념들은 서로 분리되어 있지 않으며, 어떤 면에서는 하나의 연속선상에 있다고 볼 수 있다.

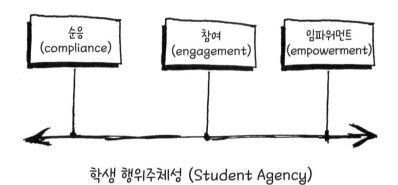

학생 행위주체성 (Student Agency)

다시 순응이라는 단어로 돌아가보자. 순응이 교육의 최종 목표인 적이 있었던가? 학교교육이라는 시스템이 전반적으로 순응을 강조해온 측면이 있는 것은 사실이다. 그러나 최고의 교육자들은 아이들이 배움의 주도권을 갖도록 임파워링하기 위해 늘 노력해왔다. 이들은 교육자로서 자신의 역할을 정말로 잘 해내면 결국에는 아이들이 더는 교사를 필요로 하지 않게 되리라는 것을 알고 있다.

'평생학습'이 줄곧 교육의 목표가 되어온 이유가 바로 여기에 있다. 학교를 졸업할 때까지도 순응적이기만 한 아이들은 사회에 나가서도 여전히 누군가의 규율을 따르고 싶어 할 것이다. 그러나 '내일의 리더'를 기르려면 오늘, 지금 이 순간 리더가 되도록 아이들을 길러야 한다.

아이들에게 선택권을 주고 힘을 실어주는 임파워링을 강조하는 것이 어쩌면 '뜬구름 잡는 소리'같이 느껴질 수도 있겠다. 아이들이 하고 싶은 것은 뭐든 하게 내버려 두라는 말로 들릴 수도 있으니 말이다. 하지만 내가 생각하는 임파워링이란 그런 것이 아니다.

아이들에게 힘을 실어주는 것, 곧 임파워링한다는 건 아이들이 자기 목소리를 내고, 자신이 원하는 방향으로 나아갈 수 있도록 가르치는 것을 의미한다. 아이들이 이를 성공적으로 해내기 위해서는 그것을 가능하게 할 규율, 다시 말해서 '통제되고 습관적인 방식으로 뭔가를 하도록 자신을 훈련한다'는 의미로서의 규율이 반드시 필요하다.

'임파워링'과 '노력'은 상호 배타적인 게 아니다. 실제로 세상에서 진정한 변화를 만들어내기 위해서는 두 가지 모두 필요하다.

요즘 얼마나 많은 아이들이 장래에 '유튜버(YouTuber, 인터넷 동영상 공유 플랫폼인 유튜브(YouTube)에 자신이 만든 영상 콘텐츠를 게시하는 사람들을 뜻하며 유튜브 크리에이터라고도 함-옮긴이)'가 되고 싶어 하는지 생각해보자. 정말로 유튜버가 되고 싶다면 구직 활동을 하기보다는 구독자를 확보하며 콘텐츠를 꾸준히 창작하는 데 집중해야 할 것이다. 여러분의 꿈도 유튜버라면 그 꿈을 이루기 위해서 많은 노력을 해야 한다. 콘텐츠 창작자가 되면 유튜버로서 자신이 원하는 길을 갈 수 있지만, 그 길에서 성공하려면 열심히 노력하는 것은 필수다.

내가 좋아하는 말 중에 이런 말이 있다.

열심히 노력한다고 해서 반드시 성공하는 건 아니지만,
열심히 노력하지 않는데 성공하는 경우는 단연코 없다.

_ 지미 V(Jimmy V)

어른들이 정해놓은 길을 따르는 게 아니라 아이들 스스로 자신만의 길을 찾도록 돕는 것, 이것이 교육에서 늘 강조되어 왔지만 이 부분을 좀 더 분명히 할 필요가 있다.

이 책의 저자 A. J. 줄리아니(A. J. Juliani)와 존 스펜서(John Spencer)는 아이들에게 임파워링하는 것이 오늘날 왜 그렇게 중요하고 꼭 필요한 일인지 전파해왔다. 두 사람의 말처럼 이것은 우리의 사고관점(mindset)을 획기적으로 바꾸는 것이다. 교사가 사고관점을 바꾸면 결국 아이들도 스스로 세상을 바꿀 수 있다고 믿게 되고, 학교교육을 통해 그 믿음을 실현할 수 있게 된다.

우리 모두는 아이들이 교사와 친구들을 존중하기를 바라고, 학교를 졸업할 때에는 저마다 의욕에 차서 성공과 행복에 다다르는 자신만의 길을 찾기를 바란다. 그 과정에서 때로 순응이 요구되기도 하겠지만 순응이 최종 목표는 아니다. 우리는 그저 세상에 잘 적응하는 아이들을 길러내려고 하는가, 아니면 지금도 앞으로도 더 나은 세상을 만들 힘이 자신에게 있다고 믿는 아이들을 원하는가?

세상을 바꿀 수 있다고 믿는, 그 정도로 미친 사람들만이
진짜로 세상을 바꾼다.

_ 스티브 잡스(Steve Jobs)

교육자로서 우리가 어떤 유산을 남기게 될지는 우리 아이들이 무엇을 하는지에 따라 결정된다. 우리는 세상을 바꿀 수 있다. 아이들이 세상을 바꿀 수 있도록 임파워링하기만 하면 된다.

토론해봅시다

Q1 이 책을 함께 읽고 공부하면서 각자 무엇을 얻을 것으로 기대하는지 공유해봅시다.

Q2 각자 학창시절을 떠올려보세요. 당신은 순응하는 학생이었나요, 적극 참여하는 학생이었나요, 아니면 배움을 주도하는 학생이었나요? 당시 학교의 분위기는 어떠했나요?

임파워링으로의 초대

학교에서 그 많은 시간 동안 아이들은
과연 무엇을 하고 있는가?
진정한 배움이 일어나는 교육을 원한다면
지금 임파워링의 세계로 들어오라.

수업을 시작하자마자 한 아이가 걱정 가득한 얼굴로 허둥지둥 다가왔다.

"케이티, 무슨 일이야? 괜찮니?"

"선생님, 저 프로젝트를 바꿔야겠어요. '샌들 만들기'도 좋긴 하지만 아무래도 바꿔야 할 것 같아요. 그래도 되나요? 바꾸면 점수가 깎이나요?"

우리는 '수업시간의 20퍼센트'라는 프로젝트를 처음으로 시도하는 중이었다. 각자 관심이 있거나 궁금한 것에 대해 탐구할 수 있도록 수업 중 20퍼센트의 시간을 아이들에게 내주었다. 그 시간 동안 아이들은 자신의 학습을 온전히 책임지고 학기말 프로젝트로 무언가를 만들어내야 했다.

케이티는 프로젝트 내내 대체로 조용했다. 처음에 이 프로젝트를 소개했을 때도 다른 아이들처럼 흥분하지 않았다. 성적이 어떻게 매겨질지, 왜 이렇게 다른 방식의 수업을 하는지에 대한 질문도 많지 않았다. 샌들을 만들며 그 시간을 충분히 즐기는 것 같았고 나름대로 의미도 찾고 있는 듯 보였다. 그런데 지금 와서 굳이 프로젝트를 바꾸고 싶어 하니 나는 적잖이 놀랐다.

"바꿔도 돼. 지금 하는 프로젝트를 좋아하는 줄 알았는데, 아니었어?"

케이티는 샌들 만들기를 그만두고 수어(sign language)를 배우고 싶다고 말했다. 청각장애인 사촌동생을 위해 언젠가 시간이 나면 꼭 수어를 배우고 싶었단다. 학교생활과 운동, 해야 할 일로 꽉 찬 여름방학 때문에 차일피일 미뤄졌지만 말이다.

그러다 최근에 사촌동생네 집에 불이 나서 그 가족이 케이티네 집에서 잠시 함께 살게 됐는데, 상황이 이렇게 되자 그동안 수어를 배울 시간조차 내지 못했던 것이 너무나 미안하고 가슴 아프다고 했다. 그래서 '수업시간의 20퍼센트' 프로젝트를 통해 수어를 배우고 싶다는 것이었다.

이날 우리의 대화는 내가 이렇게 말하며 끝났다.

"그게 바로 우리가 이 프로젝트를 하는 이유야. 점수를 떠나서, 배워야 할 이유가 분명하니까 네가 수어를 꼭 배우면 좋겠구나. 남은 6주 동안 선생님도 최선을 다해 도울게!"

그런데 나는 수어에 관해 아는 게 아무것도 없었다.

사실, 나는 그때 우리 반 아이들이 진행하고 있는 대부분의 프로젝트와 관련해 아는 게 전혀 없었다.

물론 아이들은 읽기, 쓰기, 말하기, 듣기, 만들기를 하고 있었다. 하지만 나는 이 '수업시간의 20퍼센트' 프로젝트를 진행하면서 처음으로 교사로서 무력감을 느꼈다. 수업시간에 아이들이 배우고 있는 내용에 대해 내가 아는 게 거의 없었기 때문이다.

그러나 케이티처럼 적극적으로, 신나게 배우는 아이들이 있어서 그 프로젝트를 지속할 수 있었다. 나는 수어를 사용하는 지역모임이 있는지 찾아보도록 도왔고, 케이티는 유튜브 채널을 찾아서 수어를 독학했다. 그리고 그 채널을 만든 사람과 온라인으로 대화를 나누기도 했다.

케이티는 배우면서 동시에 무언가를 만들어내고 있었다. 자신의 문제를 해결하면서 더 빨리 배우는 방법을 생각해냈고, 그 경험을 블로그에 올려 세상과 공유했다. 우리는 프로젝트 말미에 테드(TED, Technology(기술), Entertainment(오락), Design(디자인)의 첫 글자를 딴 강연회로 미국의 비영리재단에서 운영함–옮긴이) 스타일로 발표회를 하기로 했다. 그 시간이 다가올 때까지도 나는 케이티가 정확히 어떤 발표를 계획하고 있는지 몰랐다.

발표회 당일, 준비가 제대로 되고 있는지 확인하기 위해 여기저기 돌아다니느라 바빴던 나는 케이티가 학교 강당을 찾은 숙모와 사촌동생을 맞이하며 인사를 했다는 사실도 미처 알지 못했다. 반 친구들 몇몇의 발표가 끝나고 케이티가 그간의 학습 여정을 공유하기 위해 무대에 올랐다.

케이티는 처음엔 긴장해서 덜덜 떨었다. 하지만 프로젝트를 중간에 바꾼 이유를 얘기할 때쯤 관객들은 케이티의 이야기에 빠져들기 시작했다. 끝부분에 이르자 케이티는 〈당신이 춤추길 원해요(I Hope You Dance)〉라는 노래의 가사를 수어로 배우고 있다며 이를 보여주겠다고 했다.

스피커에서 노래가 나오자 사람들은 눈물을 흘리기 시작했고 케이티는 수어를 시작했다. 그 수줍음 많은 어린 여학생이 무대에서 그런 깊은 감정과 우아함을 표현하는 모습에 나는 완전히 매혹되고 말았다. 결코 잊지 못할 광경이었다.

그런데 그 멋진 순간에 기계가 말썽을 일으켰다. 음악이 끊겼고 관객들은 놀라서 웅성거리며 주위를 둘러보았다. 그 상황을 수습하려고 나는 무대로 튀어나갔다. 그때 무대 위에서 보낸 5초는 마치 5분과도 같이 길게 느껴졌다. 탁자 밑에서 전선을 찾고 있는데 갑자기 관객들의 수군거림이 완전히 멈췄다.

케이티가 그 노래를 직접, 음악도 없이 부르기 시작했던 것이다. 케이티는 음악이 끊긴 바로 그 지점부터 노래를 부르며 수어를 이어 나갔다.

정말 아름다웠다.

눈물이 흘렀다.

노래가 끝나자 관객들은 폭발적인 기립박수를 보냈다. 다소 상기된 얼굴로 케이티는 재빨리 손을 흔들며 인사하고 황급히 무대를 떠났다.

다음 날 수업시간에 우리는 빙 둘러앉아 프로젝트와 발표회를 돌아보는 시간을 가졌다. 아이들 모두 케이티가 프로젝트를 성공적으로 해낸 비결을 알고 싶어 했다. 특히 음악이 멈췄을 때 어떻게 노래를 직접 부를 생각을 했는지 궁금해했다. 케이티는 다음과 같이 대답했는데, 이 말은 내 마음 속에 깊이 각인되었다.

"사촌동생을 실망시키고 싶지 않았어요. 수어를 배우는 데 도움을 준 모든 사람을 실망시키고 싶지도 않았고요. 그런데 가만히 생각해보니 진짜 실망시키고 싶지 않은 사람은 저 자신이었어요. 숙제를 그렇게 열심히 해본 게 이번이 처음이었거든요. 방과 후에도 주말에도 몇 시간이고 준비했어요. 만약 제가 거기서 멈췄다면 그동안 했던 그 모든 일이 아무것도 아닌 게 되었겠지요. 어떻게든 노래를 끝마쳐야 한다는 생각밖에 없었어요."

케이티를 보며 학생들의 학업에 관한 나의 사고방식이 바뀌었다. 오랫동안 나는 아이들에게 영감을 주고 도전과 참여를 북돋우려고 무척 노력했다.

이제 상황은 완전히 바뀌었다.

케이티가 나에게 영감을 주었고, 반 아이들에게도, 관객들에게도 영감을 주었다. 케이티의 이야기는 오늘날까지도 계속해서 내게 영감을 주고 있다.

그러나 이런 경우는 지금껏 케이티 단 한 명뿐이었다. 내가 가르치는 모든 아이가 학교생활 중 이런 경험을 적어도 한 번만이라도 했으면 좋겠다.

하지만 대부분이 그러지 못했다.

고백하건대, 나는 결코 완벽한 교사가 아니었다. 모든 아이가 케이티처럼 배움에 주인의식을 갖고 주도적으로 프로젝트를 수행한 것도 아니었다. 나 역시 그날 그 수업에서처럼 임파워링이 구현된 학습을 위해 수업시간을 100퍼센트 쓰지는 않았다.

하지만 그것이 변화의 시작이었다.

그 프로젝트 이후 나는 수업의 초점을 크게 전환했다.

쉽진 않았다.

때로는 아주 엉망이었다.

그러나 해볼 만한 가치가 있었다.

아이들이 배움의 주체로 서도록 힘을 실어주는 것, 즉 임파워링이 나의 목표가 되었고, 아이들이 자신의 열정, 목표, 꿈을 좇을 수 있도록 기회를 주는 것이 나의 사명이 되었다.

이 숫자들은
엄청나게 크다

583일

1만 4,000시간

84만 분

미국 또는 그와 유사한 교육시스템을 갖춘 나라에서 자라는 아이들은 12~13년간 매년 180일, 매일 6.64시간을 학교에서 보낸다.

이 시간을 모두 합치면 아무리 적게 잡아도 1만 4,000시간(또는 84만 분)이 넘는다.

하루 평균 학교에서 보내는 6.64시간을 분으로 표현하면

하루에 400분이나 된다.

이 많은 시간 동안 교사는 무엇을 하고 있는가?

더 중요한 건, 아이들은 이 시간 동안 과연 무엇을 하고 있는가?

학교에서 보내는 1만 4,000시간 동안 아이들이 무엇을 배우는지를 묻고 있는 게 아니다. 그건 이미 문서로 잘 정리돼 있다. 저학년일 때는 기본적인 읽기, 쓰기, 셈을 배우고, 학년이 올라갈수록 세분된 과목으로 세계사, 물리학, 생물학, 대수학과 기하학을 배운다는 사실은 누구나 안다.

우리는 과거에서부터 지금까지 상당히 오랫동안 똑같은 과목을 똑같은 패턴으로 배우고 있다. 물론 약간씩 다를 수는 있다. 하지만 우리 대다수가 백 년도 더 전에 설계된 전통적인 교육방식을 따르고 있는 것도 사실이다.

여기서 우리가 묻고 있는 것은
아이들이 수업시간에
도대체 무엇을 하고 있느냐이다.

필기하고 있는가? 교사가 말하는 걸 듣고 있는가? 시험이나 쪽지시험에 대비해 공부하고 있는가? 파워포인트 슬라이드가 넘어가는 화면을 보고 있는가? 시험지나 문제집을 풀고 있는가? 지식을 암기하고, 문제의 답을 쓰고, 교과서 뒤에 붙은 정답을 확인하고 있는가? 리포트를 쓰고 있는가? 질문하려고 손을 들고 있는가? 매일 학교에서 보내는 시간의 80퍼센트나 되는 수업시간 내내 자리에 앉아 있는가? 그저 교사를 화나게 하지 않으려고 정해진 일과를 따르고, 답안지 빈칸을 채우고, 시계를 보고, 적절하게 행동하면서 가능한 모든 방식으로 순응하고 있는가? 아니면 자신의 열정, 흥미, 꿈을 추구하는 데 필요한 지식과 스킬을 쌓아가고 있는가?

아이들은 과연 무엇을 하고 있는가?

만약 여러분이 우리와 비슷한 교육환경에서 성장했다면 학창시절 대부분의 시간을 순응하며 보냈을 것이다. 규칙을 따르고, 무엇을 해야 하는지 말해줄 때까지 기다리는 인간형의 산실(産室)로 고안된 학교라는 그 시스템에 적응하려고 노력하면서 말이다. 그리고 졸업을 하고는 또 누군가가 무엇을 하라고 말해

주기를 기다렸을 것이다.

　그것은 신뢰할 수 있는 일종의 공식이었다. 우리는 학교에 다녔고, 규칙을 따랐고, 학교를 졸업했고, 순응하는 노동자가 되어 직장생활을 시작했다.

과거의 공식

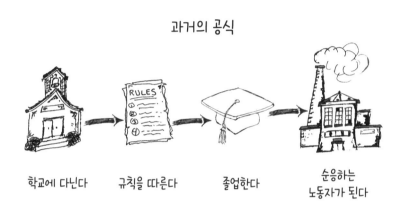

학교에 다닌다　　규칙을 따른다　　졸업한다　　순응하는
노동자가 된다

하지만
이제
세상이 바뀌었다

세상은
적극적인 사람을 원한다
스스로 결정할 수 있는
사람을 원한다
설계하고,
새롭게 만들어내고,
꿈꾸는 사람을 원한다

작가이자 「뉴욕타임스(New York Times)」 칼럼니스트인 토머스 프리드먼(Thomas Friedman)은 아주 적절하게도 다음과 같이 지적한다.

세상은 당신이 알고 있는 것으로 무엇을 할 수 있는지에만 관심을 보인다. 그리고 이에 대해서는 보상도 한다. 그러나 그것을 어떻게 배웠는지에는 관심도 없다.

그렇다면 왜 우리는 학교에서 그렇게 많은 시간을 보내는 걸까? 학교에서 하라는 대로 하고, 규칙을 따르며, 다른 사람의 지시를 기다리면서 말이다. 왜 우리는 무엇을 어떻게 배울지, 언제, 왜 배워야 하는지를 아이들 스스로 선택하게 하지 않는 걸까?

이 문제는 학교를 졸업하고도 이어져 성인이 된 뒤에도 영향을 준다. 유치원에서 고등학교에 이르기까지 학교에서 보낸 1만 4,000시간은 우리가 세상을 보는 방식에 정말로 큰 영향을 준다.

자신이 하는 일을 그다지 좋아하지 않는 사람들, 직장생활과 일상생활을 그저 버티며 보내는 사람들을 만나본 적이 있는가? 슬픈 일이지만, 세상 어떤 것에도 열정을 보이지 않고 계속해서 불평만 하는 사람들과 얘기해본 적은?

이런 사람들을 만난 적이 여러분도 분명 있을 것이다. 나는 전국의 학교에서 이런 류의 사람들을 양산해내는 것도 봐왔다. 다음 시험, 다음 평가, 다음 학년에 대비해서 끊임없이 '준비되고 있는' 아이들……. 이 아이들은 결국 졸업 후에야 깨닫게 된다. 자신이 어떤 일에 열정이 있는지조차 모른다는 걸 말이다.

그때가 오면 이들은 방향을 잃고 혼란스러워한다.

이들은 학교에서 자신이 원하는 것을 배울 기회를 전혀 얻지 못한 학생들이었다. 학교에서 강요하는 교육과정도 '아이들에게 가장 좋다'고 어른들이 믿는 경로일 뿐이다. 그 경로를 따르며 아이들은 교과 선택이나 학습의 최종 성과를 선택할 여지가 거의 없다는 사실을 깨닫게 된다.

이와 같은 학교교육에 대해 그 시스템이나 정치인들 혹은 책임 있는 누군가를 비난하면서 두 손 들고 포기해버리는 건 쉽다. 똑같은 시스템을 거쳐왔어도 우리 어른들은 괜찮지 않느냐고 말하는 것도 아주 쉽다!

하지만 그러면 본질을 놓치게 된다.

학교가 지금 모습과 같아야 할 필요는 없다. 우리가 사는 세상, 그리고 자연스러운 배움의 모습은 이와 같지 않기 때문이다.

그렇다면 우리는 무엇을 할 수 있을까? 새로운 학교를 발명하거나 새 교육과정을 설계하기는 차라리 쉽다. 우리는 여전히 시험, 교육과정, 수업 종소리에 맞춰야 하고, 아이들에게 선택권을 주는 임파워링보다는 순응을 강요하는 학교문화 속에서 살아가야 할 상황이다.

그러나 배움이 일어나는 공간을 탈바꿈시킬 수 있는 사람은 그래도 우리들 교육자다. 혁신하는 사람도 우리들이다. 아이들과 많은 시간을 보내는 사람은 바로 우리들이기 때문이다.

아이들이 학교에서
이제까지와는 다른 경험을
할 수 있도록 하기 위해
시스템 전체를
바꿀 필요는 없다

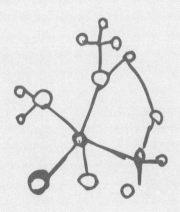

대신,
딱 한 가지만
바꾸면 된다
그것은 바로
사고관점!

순응
아이들이 우리가 정한 규칙을 따르도록 하는 것

참여
우리가 정한 수업 내용, 교육과정, 활동에
아이들이 흥미를 갖게 하는 것

순응과 참여를
강조하던
사고관점에서
임파워링의
관점으로
전환해야 한다

임파워링
아이들에게 주도권을 주는 것

올해의 교사상 수상자이자 작가이며 현직 교사인 빌 페리터 (Bill Ferriter)는 이를 다음과 같이 명확하게 표현한다.

아이들에게 임파워링한다는 것은 아이들이 자신의 열정, 흥미, 미래의 꿈을 추구하는 데 필요한 지식과 스킬을 주는 것과 같다.

아이들에게 임파워링하면 그들이 학교에서 보내는 1만 4,000시간에 새로운 목적이 생긴다. 배워야 한다고 강요된 것이 아니라 아이들 스스로 선택한 것을 자기 방식대로 창작하고, 구축하고, 설계하고, 만들어내고, 평가하면서 배우게 되기 때문이다.

이 책은 그런 전환에 대해 이야기한다.

여러분 대부분은 아이들이 수업에 더 적극적으로 참여해야 한다는 데에 진심으로 동의할 것이다. "수업시간에 아이들이 더 적극적으로 참여하길 원하시는 분 계신가요?"라고 묻는다면 한 사람도 빠짐없이 모두가 손을 들 것이다.

나 역시 교사로서 같은 생각을 한다.

참여는 순응보다 더 강력하다.

필립 C. 슐렉티(Phillip C. Schlechty)에 따르면 참여는 두 가지 주요한 요인, 즉 높은 수준의 주의집중(attention)과 헌신(commitment)이 합쳐진 결과이다. 주의집중력이 높으면 아이들은 학습, 그리고 현재 자신이 하고 있는 일에 열중한다. 헌신도가 높으면 아이들은 새롭고 도전적인 것을 배우면서 겪게 되는 어려움을 잘 견뎌낸다.

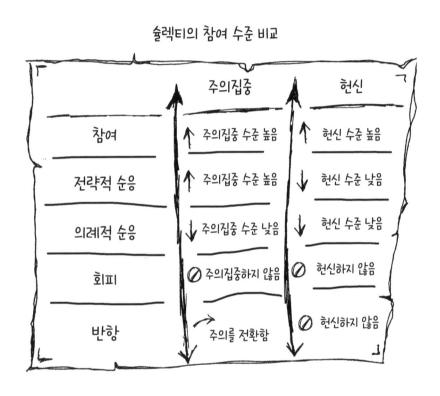

슐렉티의 참여 수준 비교

그러나 참여는 절반의 역할만 할 뿐이다.

수업에 적극적으로 참여할 때 아이들은 우리가 선정한 수업 내용과 목표에 집중한다. 수업자료와 교재는 물론이고 우리가 내

주는 과제에도 전념한다. 또한 우리가 선택한 교육과정을 완수하고, 우리가 원하는 방식의 평가를 통해 숙달도를 보여주기 위해 매진한다.

그런데 과연 이것으로 충분할까? 아이들 스스로 풀고 싶어 하는 문제들은 어쩔 것인가? 아이들이 흥미를 보이는 주제들은? 더 깊이 탐구하고 배우고 싶어 하는 영역들은?

아이들의 미래는 또 어떤가? 아이들은 미래에 자기만의 길을 개척하면서 어떤 도전을 하고, 어떤 기회를 잡아야 할지 스스로 결정해야 한다. 고군분투하고, 실수도 하고, 어느 방향이 최선인지 확신할 수 없어 헤매기도 할 것이다.

이제 우리는 목표를 바꿔야 한다.

토대 마련하기

이 책을 통해 이와 같은 전환을 위한 토대를 마련하고자 한다. 즉 바로 다음에 일어날 일만 대비하는 교육에서 무슨 일에도 아이들 스스로 대비할 수 있도록 돕는 교육으로 전환하면, 배움의 과정에서 다양한 가능성이 열린다.

**우리의 역할은 아이들을
'무언가에' 대비시키는 것이 아니라
'무슨 일에도' 스스로 대비할 수 있도록 돕는 것이다.**

우리는
이 전환을
어떻게
이룰 수 있을까?

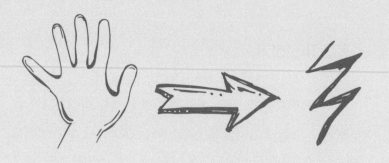

참여   임파워링

'참여' 중심의 학습환경	'임파워링' 중심의 학습환경
교사가 제공하는 교육과정에 집중하고 몰입함	학생 자신의 관심사에 집중하고 몰입함
무언가(미래의 직업)에 대비함	무슨 일에든 대처할 수 있도록 스스로 대비함
교사는 '수업을 흥미롭게 하기 위해' 노력함	교사는 '학생들 각자의 흥미나 관심사를 활용하기 위해' 노력함
"너희는 이것을 배워야 해."	"너희는 무엇을 배우고 싶니?"
선택지를 제공함	다양한 가능성을 생각하게 함
정해진 길을 따름	자신의 길을 개척함
평가를 받음	스스로 평가함
기존의 것을 사용함	새로운 것을 창작함
개별화 지도 (differentiated instruction)	개인별 맞춤학습 (personalized learning)

이걸 읽으면서 '그렇지!' 하고 고개를 끄덕일지도 모르겠다. 동시에 수많은 질문이 떠오를 수도 있다. 걱정하지 마시라. 너무나 자연스러운 반응이니까. 저자인 우리도 다음과 같은 질문을 우리 자신에게 수도 없이 했다.

학급운영은 어떻게 하지?
교육과정은?
시험은?
학교의 조직구조는?

여기서 중요한 것은 학교와 관련하여 바꾸고 싶은 것 중 우리의 통제권 밖인 것까지 모두 이 책에서 논하지는 않을 거라는 것이다. 대신 교사, 수업코치(instructional coach, 교사들에게 효과적인 수업전략 및 교수법을 지도하는 교사-옮긴이), 학교 리더로서 우리가 통제할 수 있고 영향력을 발휘할 수 있는 분야에 집중할 것이다.

여전히 시험을 봐야 할까?
그럴 것이다.
이미 만들어진 교육과정을 계속 사용해야 할까?
그럴 것이다.
수업이 엉망으로 보일까?
분명 그럴 것이다.

학교는 으레 수업종을 울리고, 지금과 비슷한 구조를 유지할까?
상황을 종합해보면 그렇다.

그렇다 해도 우리가 '참여' 중심의 학습환경에서 '임파워링' 중심의 학습환경으로, 이 전환을 위한 시도를 멈출 이유는 없다.
아이들이 학교에서 보내는 1만 4,000시간은 우리의 영향력이 미치는 시간이다.

우리는 그 시간의 대부분을 아이들의 창의성과 혁신을 불러일으키는 데 사용할 수 있기 때문이다.

무엇을 배울지 아이들이 직접 선택하게 하자. 어려운 주제를 선택하더라도 자신에게 흥미 있는 것을 배우는 과정에서 아이들이 점점 몰입해가는 모습을 지켜보자.
시험 그 이상을 가르치자. 아이들이 시험을 뛰어넘어 그 이상을 배우도록 하자. 직접 무언가를 만들고, 설계하고, 창작하고, 평가한다면 그것 자체가 시험을 훨씬 뛰어넘는 배움의 경험이다.
배움에 적극 참여하지 않고 무관심한 채 그저 순응하기만 하는 아이들을 평가하고 싶은가, 아니면 배움의 주체로서 적극적으로 무언가를 만들고 설계하는 아이들을 평가 하고 싶은가?
교육과정(curriculum)과 성취기준(standards)은 여전히 필요할 것이다. 그러나 아이들에게 임파워링하는 학습환경을 만드는 데 성취기준이 방해가 되어서는 안 된다. 성취기준이 건축가의 청사진이라면 교사들은 시공자이며 설계자이다. 학습을 설계하는 과정에 아이들을 참여시키면 그 청사진을 바탕으로 실제 구현 가능한 것들이 무수히 쏟아질 수 있다.

학년과 수업일 등 기존의 학사일정에 대해서는 너무 걱정하지 말고, 이 책에서 제시하는 아이디어를 그대로 따라해보라. 설계자이자 시공자로서 우리 교사들이 새롭게 만든 구조에서 아이들에게 임파워링할 수 있는 학습환경을 조성할 방안을 찾을 수 있을 것이다.

이 책은 해결 방안을 제시한다.

우리는 앞서 언급한 시험, 교육과정, 학급운영 등의 문제를 정면으로 다루고, 이러한 문제를 극복할 수 있는 실행 가능한 방안을 찾아 모든 아이에게 임파워링하는 학습환경을 만들고자 한다.

이 책의 특성	이 책의 특성이 아닌 것
아이디어를 주는 책	지도 매뉴얼
교실에서 일어난 실제 이야기	연구 기반의 논문
해결책에 집중	문제에 집중
학생 주도	교사 주도
질문하기	질문에 답하기
재미있고 활기참	진지하고 고상함

호기심 넘치는
교사라면

이 책을 읽는 게 좋다. 이 책은 참여에서 임파워링으로 전환한다는 의미가 무엇인지 궁금해하며 까다로운 질문을 던지는 호기심 많은 교사들을 위한 책이다.

이 책은 실현 불가능하고 비현실적으로 보이는 대담한 아이디어를 갖고 있는 교사들을 위한 책이다. 아이들에게 선택권을 주는 게 허용된다면 당장이라도 실행하려는 교사들을 위한 책이다.

만약 여러분이 이런 교사라면 이 책을 읽기 바란다. 이는 배움에 있어서 아이들에게 선택권을 준다는 대담한 아이디어를 좇아 실행에 옮기는 도전, 그 첫걸음이 될 것이다. 왜냐하면 이 문제는 누군가의 허락을 얻는 게 아니라 스스로 용기를 내어 실행하는 문제이기 때문이다.

이 책은 지금 당장 쓸 수 있는 것을 원하는 호기심 넘치는 교사를 위한 책이다. 학습자 중심(learner-centered)의 환경으로 바꾸도록 도우려는 교장이나 교감 등 학교 리더들을 위한 책이다. 익숙하고 편안한 안전지대에서 벗어나 새로운 시도를 통해 기꺼이 도약하고자 하는 교사들을 위한 책이다.

**담대한
교사라면**

이 책을 읽길 권한다. 이 책은 겁 없고 배짱이 두둑한 교사들, 혁신가들, 규칙을 다시 쓰고 있는 교사들을 위한 것이다. 이 책은 늘 그렇게 해왔다는 이유로 자신이 배운 대로 가르칠 수는 없다고 생각하는 교사들을 위한 책이다. 이 책은 자신의 배움을 주도하도록 아이들에게 이미 임파워링하고 있는 교사들을 위한 책이다.

여러분이 이미 이런 교사라면 '내가 이렇게 훌륭한 일을 시도하고 있구나!' 하고 확인하는 차원에서 이 책을 읽으시라. 이 책은 당신에게 보내는 감사 편지다.

하지만 이런 사람들은
이 책을 읽을 필요가 없다

이 책은 기존의 교사용 도서와는 조금 다르다.
그래서 솔직하게 말하려고 한다.

이 책은 모두를 위한 책은 아니다.

이 책은 박사논문이나 학술논문을 찾는 사람들을 위한 책이 아니다. 학생 중심(student-centered) 학습을 포괄적으로 다룬 최고의 교과서도 아니다.

이 책은 자신을 이미 임파워링의 전문가라고 생각하는 사람들을 위한 책도 아니며, 아이들은 그저 예의 바르게 행동하고 교사가 하라는 대로 해야 한다고 믿는 이들이 읽을 책도 아니다.

**이 책은
기존의 성적 중심의 교육에서
진정한 배움이 일어나는 교육으로
학교를 바꾸고 싶은
우리 모두를 위한 책이다**

아이들에게 임파워링하면 각자 배움의 주체가 되어 주도적으로 학습에 임하게 된다. 이들이 바로 우리의 미래다. 이 아이들이 학교에서 1만 4,000시간을 어떻게 보내는지에 따라 아이들 자신의 미래는 물론 앞으로 태어날 세대의 미래 또한 결정될 것이다.

아이들에게 임파워링하는 이 여정에 우리와 함께 뛰어들 준비가 되었는가?

이제 여러분은 아이들을 '어떤 것'에 대비시키는 교육이 아니라 아이들이 '어떤 일에도' 스스로 대비할 수 있도록 그 방향으로 가르치기로 결심했다.

벌써부터 아이들의 변화된 모습이 기대된다.

경고!

저자인 우리도 모든 답을 알고 있지는 않다
우리도 여전히 질문하고 있다
마법의 공식 같은 건 없다
우리도 여전히 실험 중이다
앱, 시스템, 프로그램 같은 것도 없다
진정한 변화는 우리 내면에서 일어나기 때문이다

**한 가지 나쁜 소식은
지도 매뉴얼이 따로 없다는 것이다**

좋은 소식은
매뉴얼 따위는
애초에 없다는 것이다

우리는 임파워링을 실행하면서
함께 매뉴얼을 만들어 가는 중이다

그러니 이 책을
우리와 함께하는 여정의
초대장 정도로 받아들여 주면 좋겠다
여정 내내 실수도 많이 하고,
무릎도 까지고, 엄청난 혼란이
몰아칠 수도 있겠지만,
꽤 매력적인 여정이 될 것이다

우리를 믿어 보시라
해볼 만한 가치가 분명히 있다
배움에 주인의식을 갖도록
아이들에게 임파워링하면
엄청난 일이 일어나기 때문이다

초 대 장

여러분을 임파워링의 세계로 초대합니다

 학교교육의 새로운 규칙을 쓰고 싶은 분

 현 상황을 바꾸고자 도전하고 싶은 분

 아이들이 배움의 주체로 서도록 돕고 싶은 분

 교육을 통해 세상을 바꾸고 싶은 분

바로 지금 임파워링의 세계로 들어오십시오

토론해봅시다

Q1 이 장에서 소개한 A.J. 줄리아니의 이야기 중 어떤 부분이 가장 인상적이었나요? 그 이유는 무엇인가요? 학생으로서, 혹은 교사로서 위의 이야기와 비슷한 경험이 있다면 서로 공유해보세요.

Q2 이 장에서는 옛날의 공식과 새로운 공식을 소개했지요. 이것이 시사하는 점은 무엇인가요? 옛날 공식이 더는 통하지 않는다면 이것이 학생들에게 의미하는 바는 무엇인가요?

Q3 순응과 참여의 관점에서 임파워링으로의 전환을 고려할 때 어떤 두려움과 걱정이 앞서나요?

1장

잊지 못할
임파워링의 순간

나는 더 이상 눈에 띄지 않는 아이가 아니었다.
배움에 대해 주인의식을 갖고,
잠재력을 최대로 발휘하게 되는 놀라운 변화,
그게 임파워링의 효과였다.

여기 이 아이는 중학교 2학년 때의 나(이 책의 저자인 존 스펜서를 가리킴-옮긴이)다. 안 보인다면, 그건 내가 눈에 띄지 않는 존재였기 때문이다.

나는 그게 좋았다.

내 목표는 눈에 띄지 않는 거였다.

누구의 관심이나 주목도 받지 않고 눈에 띄지 않게 다니기.

학교에서 힘깨나 쓰는 아이들과도 거리를 두고 멀리하면서 살았다.

그런 내게도 친구가 한 명은 있었는데 이름은 맷이었다. 우리는 꼭 닮은 모범생이었다. 해마다 맷의 출석률은 100퍼센트였고 그건 내게 다행스러운 일이었다.

그게 내 방식이었다. 친구를 딱 한 명 정해서 그 애랑만 어울리고 눈에 띄지 않게 학교에 다니는 것.

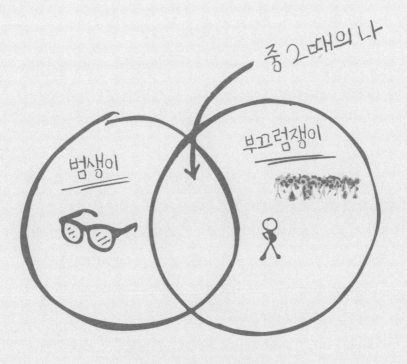

중 2 때의 나

범생이

부끄럼쟁이

자금도 어느 정도는
사실임

꽤 괜찮은 방식이었다. 그 일이 터지기 전까진 말이다.

어느 날 오후 맷이 조퇴를 했다. 심각한 건 아니고 그냥 감기였다. 그날 점심시간에 수많은 아이들을 보며 이렇게 생각했다.

'딱 한 명만 점심을 같이 먹자고 해주면 좋겠다.'

하지만 그런 일은 일어나지 않았다.

혼자 밥을 먹자니 두려움에 온몸이 마비되어 마치 죽을 때를 기다리는 기분이었다. 결국은 쓰레기통에 음식을 버리고 화장실로 숨어버렸다. 아마 그곳이 학교에서 숨을 수 있는 가장 더러운 곳이었을 거다.

하지만 중요한 건 내 계획이 통했다는 것이다. 아무도 나를 보지 못했다. 기분은 최악이었지만.

학교생활은 늘 이런 식이었다. 그래도 나를 인간적으로 대해주시는 두 분, 스무트 선생님과 대로우 선생님이 계셨다. 두 분은 내가 사회정의, 야구, 역사 등에 관심이 있는 것을 아시고는 '역사의 날' 프로젝트를 해보라고 제안하셨다.

약간 버겁기도 했지만 재미있었다. 프로젝트 전체를 내가 계획하고 진행 상황을 관리해야 했다. 어떤 질문을 던져야 할지, 그 대답을 어디서 찾을 수 있는지도 스스로 알아내야 했기 때문에 나의 관심 분야에서 프로젝트 주제를 정했다.

나는 재키 로빈슨(Jackie Robinson, 흑인 최초로 미국의 메이저리그에 진출한 프로야구 선수-옮긴이)과 야구계에서의 인종통합을 주제로 정했다. 그런데 곧 그 프로젝트가 끔찍해졌다.

방송국에 편지를 쓰고, 전직 야구선수들에게 전화를 걸었다. 수화기를 들어 바들바들 떨면서 미리 적어둔 질문들을 크게 읽고는 수화기 너머 낯선 사람의 대답을 기다리던 기억이 난다. 이 모든 과정을 거쳐 결국 발표용 슬라이드를 만들어냈다.

그런데 발표 내용을 녹음하러 갔을 때, 신경이 곤두서는 순간이 찾아왔다. 엄청난 크기의 녹음테이프를 뒤로 돌려 재생한 다음 면도칼로 잘라내고 테이프로 이어 붙인 후, 녹음된 내 목소리를 들어봤는데 끔찍하리만치 싫었다.

두 손을 들며 포기하는 심정으로 말했다.

"저 이거 안 할래요."

그때, 스무트 선생님이 내 눈을 똑바로 보며 말씀하셨다.

**"네가 그렇게 도망치도록 두지 않을 거야.
네가 하는 말은 정말로 중요해.
네가 입을 닫아버리면, 세상은 너의
창의성을 누릴 기회를 빼앗기는 거란다."**

이 말은 영원히 내 뇌리에 박혔다.

프로젝트를 가까스로 끝내긴 했지만, 겁나는 일은 계속해서 일어났다. 반 아이들 앞에서 그 프로젝트를 발표했을 때 '힘깨나 쓰는 아이' 중 하나가 천천히 손뼉을 쳤던 순간을 기억한다. 처음에는 그 애가 날 놀리는 줄로만 알았다. 그런데 곧이어 다른 아이들도 환호성을 질렀다. 그 순간 뭔가를 깨달았다.

나는 더 이상 눈에 띄지 않는 아이가 아니었다.

주 단위와 전국 단위 대회에도 나가서 발표를 했다. 그건 아주 강렬한 경험이었다. 그중에서도 가장 강렬했던 건 주인의식이었다. 이전에는 배움에 대해 주인의식을 가져본 적이 없었다.

그해의 경험은 내 인생에 지속적인 영향을 끼쳤고 지금까지도 그 영향력은 계속되고 있다. 현재 나의 교수법, 양육법, 내가 매일매일 해내는 창조적인 작업은 그때 스무트 선생님의 영향을 받아 형성된 것이다.

나는 완전히 다른 사람이 되었다. 그 프로그램이나 과정 때문에 그렇게 된 게 아니었다. 나 자신도 알지 못했던 내 안의 무언가를 알아봐주신 한 선생님 덕분이었다.

그게 임파워링이었다.
배움에 대해 주인의식을 갖고,
잠재력을 최대로 발휘하게 되는 놀라운 변화,
그게 임파워링의 효과였다.
나는 메이커(maker)가 되었다.

나는 임파워링 덕분에 무언가를 만들어내는 사람이 된 것이다. 그리고 당시에는 깨닫지 못했지만, 그 경험으로 인해 결국 나는 교사가 되었다.

우리가 할 수 있는
가장 효과적인 일은
아이들에게 임파워링하는 것이다

임파워링을 통해 아이들은
열정적인 평생학습자가 되어
불확실한 세상을 살아갈
준비가 된다

아이들이 배움에 주도성을 발휘하면 무슨 일이 일어날까?

멋지고 독특한
관심사를 키운다

성장관점[1]을
갖게 된다

프로젝트 관리법을 배운다

실수를 배움의
기회로 본다

실험하는 법을
배운다

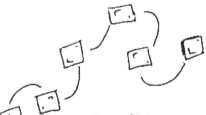

반복적 사고[2]를 훈련한다

틀에서 벗어나서
생각하는 법을 배운다

더욱 창의적인
사람이 된다

문제 해결자가 된다

도전적인 탐험가가 된다

창조경제[3]에 필요한
역량을 갖춘다

자기주도적인 사람이 된다

시스템 사고[4]를 하는
사람이 된다

1 성장관점(growth mindset) 노력하면 누구나 성장할 수 있다고 믿는 사고관점
2 반복적 사고(iterative thinking) 피드백을 기반으로 일련의 단계를 반복함으로써
  점차 최적의 해법을 찾아가는 사고 기법
3 창조경제(creative economy) 개인의 창의성과 아이디어가 핵심이 되는 새로운
  경제체제
4 시스템 사고(systems thinking) 문제를 해결할 때 부분적으로는 잡히지 않는 전체
  적 모습을 체계적으로 파악하는 사고

토론해봅시다

Q1 이 장에서 소개한 스무트 선생님처럼 학창시절 자신의 삶에 큰 영향을 미친 선생님이 있나요? 만약 그렇다면, 그 선생님은 당신이 잠재력을 발휘하도록 구체적으로 어떻게 임파워링을 했나요?

Q2 교사들 대부분은 학생들이 자신의 배움에 주인의식을 갖는 것이 얼마나 중요한지 잘 알고 있지요. 그런데 어째서 학교 현장에서는 이것이 더 널리 실행되지 않는 걸까요?

Q3 이 장에서 소개한 임파워링 이야기는 8학년 수업 사례입니다. 저학년에서의 임파워링은 분명 다른 모습이겠지요. 혹시 유치원부터 5학년(K-5) 사이의 저학년을 대상으로 임파워링한 사례, 학생들이 배움에 주인의식을 발휘한 사례가 있다면 공유해주세요.

2장

무슨 일에도
대처할 수 있는 힘

교사로서, 부모로서 우리의 일은 아이들을
'무언가'에 대비시키는 게 아니다.
우리의 역할은 아이들 스스로 '무슨 일에도'
대처할 수 있도록 돕는 것이다.

루이 브라유(Louis Braille)는 1809년 프랑스 파리 동쪽의 작은 마을에서 태어났다. 4남매 중 막내였고 그의 부모는 마을에서 가죽공방을 운영했다. 루이는 어느 모로 보나 즐거운 성장기를 보내고 있었다. 세 살에 그 사고가 일어난 후에도 마찬가지였다.

그날 루이는 아빠의 작업장에서 송곳으로 가죽에 구멍을 뚫으려고 하고 있었다. 가죽에 구멍을 뚫기 위해 온 힘을 다해 송곳을 눌렀는데 그것이 미끄러지면서 그만 루이의 한쪽 눈을 찌르고 말았다. 병원으로 급히 실려갔지만 손을 쓸 수 없었던 의사들은 안대만 붙여주었다.

몇 주 후 다른 눈까지 감염이 되었고, 루이는 결국 다섯 살에 양쪽 시력을 완전히 잃고 말았다. 어린 나이 탓에 루이는 자신이 시력을 잃었다는 것을 깨닫지 못했다. 그의 부모에 따르면 아이가 왜 이렇게 깜깜하냐고 종종 묻고는 했지만, 시력을 잃었다는 것이 뭔지 잘 모르는 것 같았다고 한다.

루이의 부모는 아이가 무엇을 하든 막지 않았다. 루이를 장애가 있는 아이로 대하지 않고, 끊임없이 격려했으며, 아빠가 만들어준 다양한 지팡이를 사용해 동네와 시골길을 걸어 다니게 가르쳤다.

시력을 잃었어도 루이는 배우고, 땜질하고, 만들기를 계속했다. 열 살에 시각장애 청소년을 위한 왕립학교(the Royal Institute for Blind Youth)에 입학할 때까지 선생님과 마을 사람들은 그가 배울 수 있도록 계속해서 도와주었다.

학교에 입학한 루이는 프랑스군 장교, 샤를 바르비에(Charles Barbier)가 군사용으로 고안한 야간문자(Ecriture Nocturne)라는 의사소통 시스템을 배웠다. 점과 선을 조합한 것을 종이에 눌러 찍어 빛이나 소리 없이도 의사소통할 수 있도록 한 시스템이었는데 너무 복잡했다.

열다섯 살이 된 루이는 여기서 얻은 아이디어를 가지고 자신만의 방식으로 시각장애인을 위한 읽기와 쓰기 시스템을 개발했다. 그리고 자신의 이름을 따서 브라유 시스템(Braille System, 크고 작은 6개의 점으로 문자 및 부호를 나타내도록 고안한 6점식 점자를 일컬음-옮긴이)이라고 명명했다.

점자 시스템의 발명가이자 대학 교수이며 음악가이기도 했던 루이 브라유는 1852년 세상을 뜰 때까지 자신의 점자 시스템을 세밀하게 수정하는 일을 계속했다. 그러나 루이 브라유의 점자는 그때까지도 잘 알려지지 않다가 수년 후에야 비로소 세계 각국의 언어에 적용할 수 있는 혁신적인 방법으로 여겨져 널리 통용되기 시작했다.

아이들에게 임파워링하는 것이
왜 그렇게 중요한가?

루이 브라유의 사례는 아이들 스스로 문제를 해결하도록 격려하고 동기를 부여했을 때 어떤 놀라운 일이 일어날 수 있는지를 보여주는 단적인 사례다. 특히 어떤 문제가 자신에게 중요한 사안이고 자신의 삶과 직접적으로 관련이 있을 때 어떤 일이 일어나는지를 보여준다.

루이는 창작하고, 설계하고, 만들고, 발명하는 일을 하지 않고 살 수도 있었다. 그럴 만한 이유는 얼마든지 많았다. 부유한 집안 출신도 아니었고 어린 나이에 시력을 잃었으며, 게다가 교육이 인간의 보편적 권리가 아닌 일부 계층의 특권으로 여겨지던 시대에 살았다.

하지만 루이의 이야기는 아이들이 자신의 열정과 흥미, 꿈을 계속해서 추구할 수 있도록 필요한 지식과 스킬을 갖추는 데 교육의 중점을 두어야 함을 시사한다.

아이들에게 임파워링할 때
일어날 수 있는 최선의 변화는
무엇일까?

임파워링으로의 전환에 앞서 여섯 가지 진실을 소개한다.
새로운 방법으로 새로운 것을 시도하는 데만 집중하다 보면 오랜
세월에 걸쳐 입증된 최선의 교육 실천 및 신념을 무시하기 쉽다.
여기 소개하는 여섯 가지 진실은 이 책의 근간이 되는 내용으로
나머지 부분을 이끌고 갈 것이다.
그리고 궁극적으로는 아이들에게 임파워링해야 할 필요성을
인지하도록 우리의 생각을 이끌어줄 것이다.

첫 번째 진실

**모든 아이는 각자 배움의 주체가 되어야 마땅하다.
임파워링하면 아이들은 배움에 주인의식을 갖고서
평생학습자가 된다.**

첫 번째 진실은 우리가 아이들을 교육하는 이유다. 우리는 아이들의 이익을 위해 교육한다. 그러나 아이들이 자신의 배움에 주인의식을 가질 때라야 비로소 의미가 있다. 아이들에게 선택권을 주고, 탐구활동을 허용하고, 창의성을 북돋워주면, 아이들이 놀라운 일들을 해내는 것을 볼 수 있다.

과학기술은 아이들이 자신의 배움에 주인의식을 갖고 주도적으로 학습하는 데 흥미로운 역할을 한다. 요즘 아이들이 주머니에 넣고 다니는 스마트폰과 같은 휴대용 기기에는 세상 모든 정보가 들어있다. 아이들은 이 기기를 이용해 누구와도 연락할 수 있고, 협업할 수 있으며, 다양한 혁신적 목적을 달성할 수 있다.

우리는 과학기술을 이용하면 새로운 세계가 열리고 학습의 기회가 다양해진다는 사실을 받아들여야 한다. 그리고 아이들이 이러한 학습에서 주인의식을 가질 수 있게 길을 열어주어야 한다.

두 번째 진실

한 명 한 명의 아이는 누군가에게는 세상의 전부이다.
임파워링하면 아이를 둘러싼
사회적·인간적 연결관계가 완전히 바뀐다.

두 번째 진실은 톰 머레이(Tom Murray)의 강연에서 인상 깊게 들었던 말을 인용한 것이다. 당시 그는 이렇게 말했다.

교실에 앉아 있는 모든 아이는 누군가에게 세상의 전부다.

이제 학부모가 된 나도 매일 등교하는 딸을 볼 때마다 이 말을 실감한다. 임파워링을 하면 배움의 과정에서 아이들과 양육자와의 관계가 더욱 돈독해진다. 의사소통 도구를 사용하고, 실시간으로 협업하며, 자신에게 의미가 있고 관련 있는 과제를 공유하기 때문이다. 이는 배움에 활력을 불어넣는다.

그뿐이 아니다. 아이에게 임파워링을 하면 배움의 과정에서 아이가 온전히 기쁨을 누리는 순간들, 부모로서 뿌듯한 순간들을 함께 만끽하며 부모와 아이의 사회적·인간적 관계가 완전히 달라지는 경험을 할 수 있다.

세 번째 진실

이야기가 우리를 만든다. 우리는 이야기를 통해 배운다.
아이들에게 임파워링하라.
그리고 자신의 배움에 관한 이야기를 만들어 공유하게 하라.

세 번째 진실은 전부 이야기에 대한 것이다. 누군가를 가르칠 때에도 무언가를 배울 때에도 이야기는 최고로 효과적인 수단이다. 이야기는 오랜 세월이 지나도 날마다 사람들이 배우고 성장하도록 일깨우고 동기를 유발한다.

세상은 그야말로 스토리텔링(storytelling)의 시대로 바뀌었다. 과학기술 덕분에 우리는 이야기를 더욱 더 확장하고, 훨씬 더 널리 공유할 수 있게 됐다. 요즘 무언가가 '입소문'이 났다고 하면 하나의 이야기가 엄청난 공감을 얻어 인터넷 상에서 급속도로 확산되어 유례없이 많은 사람에게 전달되었음을 의미한다. 이제는 교사도 학생도 모두가 과학기술을 이용해 스토리텔링 방식은 물론 학습하는 방법까지도 완전히 바꿀 수 있게 되었다.

이야기의 진정한 힘은 '이야기를 통해 배우고, 자신의 이야기를 청중이나 세상과 공유할 때' 생긴다. 아이들에게 임파워링하면 각자 배움의 과정에서 자신만의 이야기를 써내려가게 된다. 이들은 이러한 이야기가 자신의 열정이나 미래의 꿈에 이르는 길이라는 것을 잘 안다.

네 번째 진실

**우리가 아이들에게 준비하라고 가르칠 수 있는
유일한 것은 예측할 수 없는 세상뿐이다.**

네 번째 진실은 내가 학회나 학교에서 강연할 때 빠뜨리지 않는 내용이다. 그만큼 확신하기 때문이다. 앞서 언급했듯이 우리의 역할은 아이들이 어떤 일에도 스스로 대비할 수 있도록 돕는 것이다. 이것을 이야기의 틀에서 보면 우리는 안내자일 뿐, 이야기 속 영웅은 바로 아이들이라는 뜻이 된다.

아이들 앞에 어떤 미래가 기다릴지 모르기에 교사인 우리의 역할도 달라질 수밖에 없다. 특히 내용지식이 계속 변하기 때문에 교사가 항상 내용지식의 전문가여야 한다는 생각에서 벗어날, 수 있고, 이렇게 되면 우리는 아이들에게 임파워링하는 '안내자'가 될 수 있다.

우리 역시 계속해서 배우는 숙련된 학습자임을 아이들에게 알려주는 것이 중요하다. 배우는 방법을 아는 것은 교사가 아이들과 공유할 수 있는 스킬이고 이를 통해 아이들은 무엇이든 배울 수 있게 된다.

다섯 번째 진실

문해력이란 배움을 의미한다.
배움이란 기존에 배운 낡은 지식을 과감히 버리고
새로운 지식과 스킬을 다시 배우는 것까지를 의미한다.

다섯 번째 진실은 다음 인용구에 바탕을 두고 있다.

> 21세기의 문맹은 글을 읽고 쓸 줄 모르는 사람이 아니라, 배우고(learn), 과거에 배운 낡은 지식을 버리고(unlearn), 새로운 지식을 다시 배우기(relearn)를 할 줄 모르는 사람이다.

아이들에게 임파워링하면 이들은 배움의 과정에서 일상적으로 기존의 낡은 지식을 버리고 새로운 지식을 다시 배운다. 또 이러한 배움이 표준인 학습환경에서 그 일부가 된다. 우리는 이와 같은 학습환경에서 새로운 정보를 얻고, 분석하고, 응용하며, 그것을 활용하여 새롭게 만들거나 평가할 수 있다.

임파워링이 구현된 학습환경의 아이들은 이러한 배움, 즉 기존의 낡은 지식을 과감하게 폐기하고 새로운 지식을 배우는 것에 환호하며, 이것을 하나의 연속된 과정으로 여기는 사고관점을 취한다.

여섯 번째 진실

우리는 아이들의 삶에 지대한 영향을 미친다.
아이들에게 임파워링하면
우리의 영향력은 더욱 막강해진다.

여섯 번째 진실은 교육계에 종사하는 우리 모두가 이미 알고 있다. 우리는 영향력을 갖고 있다. 우리는 차이를 만든다. 이것이 처음에 우리가 교직을 선택한 이유이고, 계속해서 이 일을 하는 이유이며, 아무리 힘들어도 계속 앞으로 나아가는 이유이다.

아이들에게 학습의 선택권과 자율권을 부여하는 환경, 즉 임파워링 학습환경에서는 우리와 아이들과의 관계는 물론 우리의 영향력이 교실 담장을 넘어서까지 이어진다. 그리고 그 막강한 영향력은 아이들이 우리 곁을 떠난 후에도 오랫동안 지속된다.

교육에서 최적의 시간은 늘 '바로 지금'이다. 교육이라는 다리를 통해 아이들은 수많은 기회에 닿을 수 있다. 이제 우리는 수문장 역할에서 물러나야 한다. 대신 함께 배움의 여정을 떠나기 위해 아이들 곁으로 이동해야 한다.

이 여섯 가지 진실은 우리가 교육계의 일시적 유행이나 '그 다음에 올 최선의 것'에 휘둘리지 않고 굳건하게 버틸 수 있게 해준다. 동시에 아이들의 학습 경험을 의미 있고 자신의 삶과 관련 있는 것으로 만들어줄 효과적인 학습에 집중하게 해준다.

토론해봅시다

Q1 이 장에서 소개한 여섯 가지 진실 중 어느 것이 가
장 인상적이었나요? 그 이유는 무엇인가요?

Q2 교사로서, 부모로서, 그리고 더 넓게 교육계 종사
자로서 우리는 불확실한 세계에 학생들을 어떻게
대비시킬 수 있을까요?

3장

배움을
주도한다는 것

아이들에게 임파워링한다는 것은
각자 자신의 열정, 흥미, 미래의 꿈을 추구하는 데
필요한 지식과 스킬을 갖추도록 돕는 것이다.

교과수업을
흥미롭게 만드는 방식에서

아이들의 흥미나 관심사를
활용하는 방식으로의
전환

나는 고등학교 때 대부분의 시간을 미식축구나 농구 같은 스포츠를 하거나 친구들과의 관계, 소위 학교에서의 '사회생활'을 걱정하며 보냈다. 학교에서는 내 관심사를 탐구할 기회가 거의 없었기 때문에 자연스럽게 학업에 대한 관심도 없었고 신경도 쓰지 않았다. 수업시간에 재미있거나 신나는 활동을 할 때도 가끔은 있었지만, 온전히 몰두하거나 개인시간에까지 그와 관련된 후속활동을 해본 적은 전혀 없었다.

당시에는 구글(Google)이 생기기 전이라 내 관심사를 탐구하고 싶으면 책이나 논문을 찾아 읽고 추가로 온라인 검색을 해야 했다. 이런 일은 열여섯, 열일곱 살의 (다소 게으른) 나에게는 너무 큰 일이었다. 그래서 나도 대다수 아이들이 그러는 것처럼 학교에서는 적당히 마음의 벽을 치고 열정 없는 생활을 이어갔다.

하지만 나에게는 플린(Flynn) 선생님이 계셨다. 좋아하는 선생님 중 한 분이었는데 공교롭게도 그분의 담당 과목은 내가 제일 싫어하는 수학이었다. 영어나 사회와는 달리 수학은 한 번도 쉽게 느낀 적이 없었다. 그래서 대개는 더 잘해보려고 노력하지

도 않고 그냥 시험에 통과할 정도로만 공부했다. 그러니 플린 선생님이 나에게 관심을 두시긴 어려웠을 것이다. 나는 선생님이 가르치시는 기초 미적분 시간에 쪽지를 돌리거나 딴짓을 하며 애들과 낄낄대면서 시간을 보냈다.

어느 날 수업에 들어가니 플린 선생님이 보조탁자 위에 누워 계셨다. 처음엔 장난인가 싶었는데 선생님이 허리를 심하게 다치셨다는 걸 알게 됐다. 선생님은 누운 상태에서 칠판을 가리키시며 수업을 했고 위치를 바꿔야 할 때는 길다란 자를 이용했다.

우리는 선생님이 다음날부터 병가를 내지 않을까 생각했다. 그런데 다음날에도 플린 선생님은 탁자에 누워 수업 준비를 하고 계셨다. 살다 보면 마음가짐이 확 바뀌는 순간들이 있는데, 내겐 그날이 바로 그런 날이었다. 기초 미적분 수업은 여전히 별로였지만 더는 수업시간에 친구들과 장난치지 않기로 했다. 저 정도로 아프면 웬만한 사람들은 집에서 쉴 텐데, 엄청난 고통에도 불구하고 수업을 위해 매일 출근하시는 선생님 앞에서 차마 그렇게 행동할 수는 없었다.

플린 선생님이 다시 서서 수업을 하시기까지는 꼬박 한 달이 걸렸다. 그러던 어느 날, 선생님이 나에게 다가오셔서 내년에 컴퓨터 프로그래밍 수업을 들을 생각이 있는지 물었다. 선생님이 그 수업을 가르치신 지는 몇 년 되었지만 수강률이 낮았다. 그래서 선생님도 그 수업이 또 열릴지는 확신하시지 못하는 상황이었다. 나는 어떻게 대답해야 할지 몰랐다. 내가 그 수업을 좋아하리라 생각하셨다는 게 의외였지만, 어쨌거나 생각해보겠다고 했다. 며칠 후 나는 그 수업을 신청했다. 수업이 별로여도 선생님이 좋으니 괜찮을 거라고 생각했다.

그렇게 해서 나는 고등학교 2학년 내내 플린 선생님의 컴퓨터 프로그래밍 수업을 들었다. 그 수업은 다른 수업과 무척 달랐다. 나는 수학을 잘하거나 숫자를 잘 다루는 아이가 아니었는데, 그 수업을 통해 숫자와 공식의 힘을 느꼈다. 프로그래밍은 공식을 정확하게 써서 시험에서 정답을 찾게 하는 게 아니라 '공식을 활용'해서 뭔가를 하게 했다.

그 수업에서 우리는 파스칼(Pascal)이나 베이직(Basic) 같은 프로그래밍 언어를 배웠다. 프로그래밍 언어 자체가 그렇게 어렵지는 않았지만, 수업 내내 집중하고 더 잘하기 위해서는 자율학습 시간이나 밤에 따로 짬을 내서 공부해야 할 정도로 힘든 수업이었다. 한 학기 과정이라 시간이 부족한 탓에 각자 프로젝트를 완성하려면 기초과정을 빠르게 훑어야 했다. 사실, 이런 상황은 항상 긍정적으로 작용한다. 학습과정에 긴급성이 더해지면서 학생과 교사가 합심해 더 효율적으로 작업할 수 있게 되기 때문이다.

나의 학기말 프로젝트는 프로그래밍 언어를 사용해서 '축구게임'을 만드는 것이었다. 그 게임은 닌텐도(Nintendo)사의 테크모볼(Tecmo Bowl)이라는 유명한 게임과 모양도 기능도 비슷했다. 나는 이 프로젝트에 많은 시간을 들였다(얼마나 많은 시간을 들였는지 셀 수도 없을 지경이었다). 내가 만든 축구게임은 온전하게 작동되진 않았지만(하프타임이나 쿼터는 물론이고 게임종료 기능이 없었다), 테크모볼과 똑같은 특징과 기능이 많아서 친구들과 함께 게임을 하는 데는 무리가 없었다.

정말 멋진 경험이었다!

남은 고등학교 시절 동안은 여전히 이전과 똑같은 것들을 걱정하며 보내긴 했지만, 그 일을 계기로 학습에 대한 내 생각이 완전히 바뀌었다. 대학에 들어가서는 '사이드 프로젝트(side project, 학업과 직접 관련이 없는 다른 프로젝트-옮긴이)'에 전보다 더 많은 시간을 투자했다. 이 경험 덕분에 나는 현재의 모습, 즉 배우는 사람이자 가르치는 사람으로서의 모습을 두루 갖추게 되었다.

우리는 아이들이 직접 '가려운 곳을 긁도록' 허락하지 않을 때가 너무 많다. 그 프로그래밍 수업에서 축구게임을 만들지 않았다면 나는 거기에 필요한 수학이나 공식을 절대 배우지 못했을 것이다.

그 당시에 개인시간을 들이면서까지 빠른 속도로 배울 수 있었던 건 내가 그 프로젝트에 흥미를 느꼈고, 또 학기말 프로젝트를 완수해야 했기 때문이었다. 그 수업에서 플린 선생님이 나를 '참여'시키려고 노력한 적은 없다. 대신 선생님은 내가 게임을 만드는 과정 자체에 흥미를 느껴 스스로 프로젝트를 계속 할 수 있게 해주셨고, 단순한 학습자가 아니라 메이커, 즉 뭔가를 만들어내는 사람이 되도록 충분한 재량권을 주셨다.

그것은 참여에서부터 시작되었다.

플린 선생님이 보여주신 기대 이상의 헌신적인 모습과 행동이 어떻게 나를 감화시켜 선생님의 수학수업에 적극적으로 참여하게 만들었는가, 이것을 나는 늘 기억한다. 그 덕분에 대화만으로는 절대 만들 수 없는 교사와 학생 관계가 만들어졌다. 나는 선생님에 대해, 그리고 선생님이 매번 수업에서 보여주신 모습에 대해 무한한 존경심을 갖게 됐다.

미국 펜실베이니아주 위사히컨중학교에 교사로 부임한 첫해에 훌륭한 베테랑 교사 젠 스미스(Jen Smith)를 사수로 함께 일할 기회가 있었다. 젠은 아이들을 수업에 적극적으로 참여시키는 것을 목표로 삼았는데 함께 일하며 가장 좋았던 점이 바로 그 부분이었다.

젠과 나는 중학교 2학년 아이들에게 영어를 가르쳤다. 수업 계획을 위해 회의를 하면 젠은 자주 이렇게 말했다.

"작년에는 이렇게 했는데 올해는 이보다 더 나은 방법을 찾았으면 해요. 최신 기술이나 뭔가 다른 아이디어를 써서 아이들의 참여를 좀 더 이끌어낼 방법이 없을까요?"

젠은 우리가 론치 사이클(LAUNCH Cycle, 본 책의 저자들이 고안한 디자인 씽킹*(design thinking) 기법으로, 총 7단계로 구성되어 있음. 이 장에서는 단계별 제목과 사례만 언급되며, 7장에서 각 단계를 구체적으로 소개함-옮긴이)의 2단계 '질문하기(Ask Questions)'를 시작하기 전에 먼저 1단계 '보고 듣고 배우기(Look, Listen, and Learn)'를 해야 한다고 했다.

다음 장면은 우리가 문학적 장치에 관한 수업 준비로 어려움을 겪고 있던 상황이다.

아이들의 입장에서 생각하기 시작하니 다음과 같은 질문들이 이어졌다.

• 아이들이 문학적 장치에 신경을 써야 하는 이유는 무엇일까?

- 아이들이 문학적 장치를 배우는 최고의 방법은 무엇일까?
- 배운 내용을 단순히 반복하게 하는 데서 벗어나 학습을 제대로 평가하는 가장 좋은 방법은 무엇일까?
- 아이들이 문학적 장치의 목적과 실생활 속 쓰임을 이해하는 데 참여하도록 하려면 어떻게 해야 할까?

이 질문에 대답하면서 우리는 지난해 수업계획을 살폈다. 그리고 3단계 '문제 이해하기(Understand the Problem)'를 시작했다. 문학적 장치는 늘 따분해 보였다. 흥미로운 면이라고는 찾을 수 없지만 중학교 2학년이 꼭 배워야 할 것(그리고 미국의 주 단위 표준화시험을 위해 필요한 것) 목록에는 빠지지 않고 올라와 있었다.

우리는 아이들이 빠져들 만큼 흥미로운 방식으로 문학적 장치를 가르치기 위해 브레인스토밍 및 4단계 '아이디어 탐색하기(Navigate Ideas)'를 시작했다. 동료 교사 중 한 명이 조언을 해줬는데, 인기 있는 노래 가사 속에는 문학적 장치가 늘 들어있다는 것이었다.

그 조언에 따라 우리는 〈문학적 장치 수업에 온 걸 환영해〉라는 랩 음악을 만들며 5단계 '창작하기(Create)'를 시작했다. 정말 즐거운 작업이었다. (대부분 교직이 적성에 맞는 교사들로 팀을 이루어) 우리는 '래퍼 이름'도 짓고, 문학적 장치를 이용한 노래 가사도 썼다. 개러지 밴드(Garage Band, 애플(Apple)사에서 만든 음악 제작 프로그램-옮긴이)로 비트도 만들었다.

그리고 가사와 노래를 다듬는 작업을 몇 시간에 걸쳐서 했다. 이 단계가 바로 6단계 '강조하기(Highlight)', 즉 잘된 부분은 강조하고 잘못된 부분은 고치는 단계이다.

우리는 노래를 녹음하고 온라인에 올렸다. 그리고 마침내 노래를 학생들에게 공개했다(7단계: '발표(the LAUNCH)'). 엄청나게 비웃는 아이들도 있었지만, 그 노래를 아이팟(iPod)에 저장해 듣는 아이들도 있었다. 인터넷 검색창에 이 주소(bit. ly/2qiezVy)를 입력하면 유튜브 영상으로 바로 연결되어 여러분도 들어볼 수 있다. 정말 민망하지만, 동료들과 협업하고 창작하면서 문제를 해결한 경험은 재미있는 기억으로 남아있다.

임파워링이 구현된 환경에서 아이들은 메이커로 성장한다.

아이들은 수업에 적극적으로 참여했고, '문학적 장치'라는 것에 관심을 보이기 시작했다. 하지만 베테랑 교사인 젠은 그 정도에서 멈추게 두지 않았다. 이제 아이들은 직접 팟캐스트, 노래, 동영상을 만들기 위해 개러지 밴드, 유튜브, 오데시티(Audacity, 오디오 편집 프로그램의 일종-옮긴이) 등을 이용하고 싶어 했다.

이것이 도약이다!

한동안 나는 아이들을 수업에 참여시키는 데에만 집중했다.

교사로서 우리는 학습을 의미 있게 만들고, 그것을 아이들의 삶과 연관시켜 사회적이고 인간적인 것으로 만듦으로써 아이들의 참여를 유도하려고 했다. 아이들과 좋은 관계를 유지하고, 아이들이 높은 수준으로 집중하고 몰입하는 모습을 보기 위해 그들에게 딱 맞는 수준에서 도전해보게 했다.

하지만 아이들에게 자기만의 팟캐스트와 노래를 만들게 하고, 그 과정에서 창작하거나 실패할 시간을 주고, 교사인 우리는 안내자로서 아이들의 작업을 지원하고, 그런 다음 그들의 노력과 그 과정을 칭찬하자 놀랍게도 아이들은 각자 무언가를 만들어내는 메이커가 되었다.

이 모든 과정이 임파워링이며, 이를 통해 아이들은 배움의 주체로, 메이커로 성장하는 것이다.

아이들 스스로 론치 사이클을 경험하고 창조적 작업의 틀로써 디자인 씽킹을 사용하게 되자, 아이들은 자신이 배우고 있는 내용에 몰입했을 뿐 아니라 실제 청중을 대상으로 무언가를 만들고 있다는 사실에 열광했다.

---

* 디자인 씽킹(design thinking) 인간에 대한 관찰·공감·이해를 기반으로 확산적 사고와 수렴적 사고의 반복을 통해 문제를 해결하는 창의적 방법을 말함. 론치 사이클(LAUNCH Cycle)은 본 책의 저자들이 고안한 디자인 씽킹 기법임

디자인 씽킹은
시작점으로서는 훌륭했지만,
충분치는 않았다

나는 디자인 씽킹을 무척 좋아한다. 이 주제를 가지고 책도 쓰고, 늘 디자인 씽킹에 대해 이야기할 만큼 그 매력에 푹 빠져있다. 가르칠 때, 리더로서 이끌 때, 창조적인 작업을 할 때도 이 기법을 사용한다. 하지만 이것은 하나의 프레임워크(framework), 즉 틀일 뿐이다. 틀만으로는 충분치 않다.

창의성만으로는 충분치 않다
탈바꿈 수준의
완전한 변화를 원한다면
아이들이 자신의 배움에 대해
주인의식을 갖도록 해야 한다

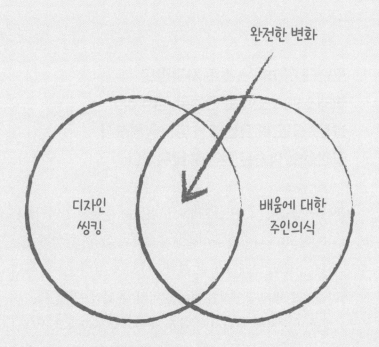

기꺼이 도약할 준비가
되었는가?

플린 선생님이 심한 허리 부상으로 한 달 동안이나 탁자에 누워서 수업을 하셨을 때 이미 나는 선생님에게 감동을 받았었다. 하지만 내가 선생님을 진정한 교사로 인식하게 된 것은 컴퓨터 프로그래밍 수업에서의 지도와 활동, 프로젝트 때문이었다.

이와 유사한 경험이 우리에게도 있었다.

젠과 나의 학생들도 우리의 수업을 재미있어 하고 문학적 장치에 관한 노래를 만들기 위해 우리가 들인 시간과 노력을 알아주었다.

그런데 아이들 스스로 자기만의
팟캐스트와 노래를 만들고, 창작하고,
발전시키도록 그들에게 임파워링하자
아이들의 학습은 완전히 바뀌었다.

플린 선생님이 그랬듯, 우리도 아이들을 수업에 참여시키는 데 그치지 않고 더 나아가 아이들에게 임파워링하는 단계까지 갈 수 있다면 좋겠다. 그래서 플린 선생님이 내게 그러했듯이, 우리도 아이들의 인생에 긍정적인 영향을 미칠 수 있었으면 한다.

선생님이 탁자에 누워서 수업을 계속하시던 모습과 선생님의 컴퓨터 프로그래밍 수업이 당시 나에게 얼마나 큰 의미가 있었는지, 또 내 삶에 얼마나 큰 영향을 미쳤는지 플린 선생님께 직접 말씀드린 적은 없다.

다만, 이것 한 가지는 확신할 수 있다.

플린 선생님처럼 우리도 부지불식간에 아이들의 인생을 바꾸는 데 중대한 역할을 할 수 있다는 것.

토론해봅시다

Q1 학생들의 흥미와 관심사를 활용하기 위해 당신이 사용하는 구체적인 전략은 무엇인가요?

4장

첫째도 선택,
둘째도 선택

완전히 자유롭든 다소 제한이 있든 선택권을 갖게 되면,
아이들은 배움을 더 깊은 수준으로 끌고 간다.
선택권을 주는 것이 임파워링과 학생 주도성의 핵심이다.

아이들에게 선택권을 주는 게
임파워링의 핵심이다
이는 '요구'에서
'욕구'로의 전환과 같다

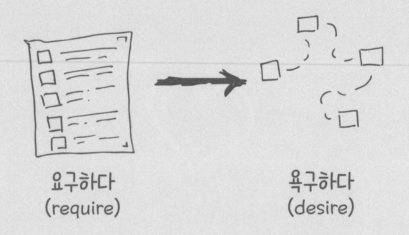

요구하다
(require)

욕구하다
(desire)

전통적인 학교교육에서 학생들은 매년 같은 함정에 빠지기를 되풀이한다. 학교에서는 자신만의 학습 경로를 선택할 기회가 거의 없다. 그래서 학교를 값진 학습 경험을 하는 곳이 아니라 마치 '직장'처럼 일상적으로 다니는 곳으로 여긴다.

고등학교에 진학할 무렵이면 83퍼센트 이상의 아이들이 학교에서 스트레스를 받는다고 한다. 그리고 67퍼센트의 아이들은 학교에 있는 시간 중 절반이 지루하다고 한다. 많은 아이가 특정 학점을 받지 못하거나 원하는 대학에 입학하지 못하면 무슨 일이 생길지 걱정하면서 '그냥 학교생활을 하는 방법'을 배운다.

학교에서 몹시 스트레스를 받음
(83%)

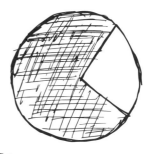

학교에 있는 시간 중 절반은 지루함
(67%)

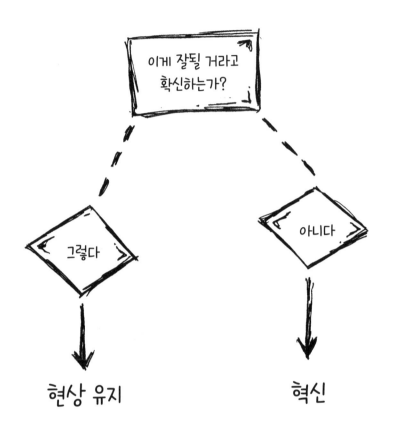

결국 아이들은 학교교육을 받는 동안 자신의 열정을 찾아 발전시킬 기회를 전혀 얻지 못한다. 어른들이 골라준 길을 12년간 따르기만 하느라 정작 자기 삶에서 무엇을 하고 싶은지 몰라 혼란스러워 하며 학교를 마치게 된다. 이 가운데 다수가 제 딴에는 '안정적'이거나 '실리적'인 직업을 갖게 되겠지만, 자신이 하는 일에 개인적으로 깊이 연결되지도, 흥미를 느끼지도 못한다.

자신의 직업을 좋아하지 않는 사람을 만나본 적 있는가? 나는 그런 사람들을 아주 많이 봤다. 그런데 그게 꼭 그들만의 잘못이라고 할 수는 없다. 어쩌면 우리의 교육 시스템에 근본적인 책임이 있다고 보는 게 타당할 것이다. 학교교육을 통해 자신의 열정을 찾을 기회를 전혀 갖지 못한 채 그저 그럭저럭 살아가는 게 최선의 방법이라는 것을 터득한 사람들, 우리의 현 교육 시스템은 이런 사람들을 양산해낼 뿐이다.

그런데 학교에 딱 한 가지 중요한 요소만 추가하면 이 현상을 즉각적으로 바꿀 수 있다. 바로 선택권이다.

선택권이 중요한 이유

어떤 수업자료를 사용할지, 학교 안팎에서 어떤 활동을 할지, 어떤 평가를 받을 것인지 아이들이 직접 선택하게 하고 학습의 목적도 선택하게 하라.

선택권을 주면 아이들은 배움에 주인의식을 갖게 된다. 그러면 임파워링 수준도 최대치에 이르러 결국 아이들은 본질적인 학습, 효과적인 학습, 더 깊은 학습을 경험한다.

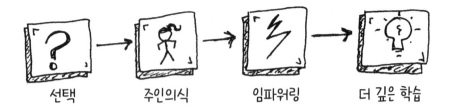

선택 → 주인의식 → 임파워링 → 더 깊은 학습

나는 이런 변화를 직접 목격한 적이 있다. 몇 년 전 '수업시간의 20퍼센트' 프로젝트를 통해 학생들에게 선택권을 주었을 때였다. 구글이 직원들에게 각자 근무시간의 20퍼센트를 떼어 자신이 원하는 분야에 쓰도록 했던 것처럼, 나도 아이들이 열정을 느끼는 것이라면 무엇이든 배우고, 조사하고, 만들고, 창작해보도록 수업시간의 20퍼센트를 아이들에게 내주었다.

선택권이 생기자 처음에는 많은 아이가 어찌해야 할지 몰랐다. 다음 단계로 나아가기 위해 사용할 채점기준표(rubric), 프로젝트용 인쇄물, 지침 등이 없이 자신만의 방법을 찾는 것을 힘들어했다. 하지만 결국에는 각자 관심 있는 것들을 배우기 시작했고, 최종적으로 만든 결과물은 그들에게 더 깊이 배우고자 하는 목표도 주었다.

그러나 선택권을 줘야 한다고 해서 '수업시간의 20퍼센트'나 '천재의 시간(Genius Hour, 구글의 20퍼센트 시간 주기 시스템에서 유래한 것으로, 학생들이 각자 원하는 것을 자유롭게 배울 수 있도록 교사가 일정한 시간을 주는 프로젝트를 일컬음. 12장에서 소개함-옮긴이)' 프로젝트에서처럼 매번 완전한 자유를 줄 필요는 없다. 오히려 제한을 두는 게 더 큰 창의성을 이끌어내는 경우가 많다. 제한은 혁신적인 돌파구로 이끄는 창의적 제약이 되기도 한다.

예를 들어, 광합성에 대한 수업을 한다면 기본적인 것을 배울 수 있는 여러 가지 수업자료 중에서 몇 가지는 아이들이 직접 선택할 수 있게 하자. 그리고 이를 통해 얻게 된 지식을 바탕으로 동영상을 제작하거나 발표하고, 팟캐스트로 인터뷰를 진행하거나 종이 혹은 컴퓨터에 인포그래픽으로 표현해볼 수 있도록 하는 것이다.

**다소 제한을 두더라도 아이들에게
선택권을 부여하면, 아이들은 학습에 대한
주인의식과 자율성을
최대한으로 발휘하게 된다.**

학교라는 게임의 판을
바꾼다는 것은
학생들에게
자신만의 게임을 창조하도록
허용한다는 의미이다
이것이 바로
임파워링이다

'새로운 것 시도하기'를 넘어

『엘리먼트(The Element)』의 저자 켄 로빈슨(Ken Robinson)은 이렇게 말했다.

> 재능이나 열정을 발견하는지의 여부는 일정 부분 기회의 문제이기도 하다. 항해하기, 악기 다루기, 가르치기, 소설 쓰기 등을 해본 적이 없다면 이런 것에 재능이 있는지 어떻게 알 수 있겠는가?

나는 한발 더 나아가 이렇게 생각한다.

'학생들에게 모든 유형의 기회를 주는 학교가 있다면 자부심을 가질 만하다.'

교육은 원하는 직업을 갖게 해주고 자신의 직업을 사랑하게 해주는 가교 역할을 한다. 이것이 나를 포함한 대다수 교육자들의 믿음이다.

그런데 우리는 아이들이 새로운 것을 시도하도록 **격려하기보다는** 새로운 것을 시도하라고 **요구하기만 한다.** 둘 사이에 별 차이가 없다고 생각할 수도 있지만, 실제로 그 차이는 엄청나다.

격려한다는 것은 아이들에게 더 많은 선택지를 주고 아이들의 행위주체성을 지지해준다는 것이다. 반면 요구한다는 것은 아이들의 선택지를 제한하고 순응하라고 압박하는 것이다.

데일 카네기(Dale Carnegie) 는 다음과 같이 말했다.

개인적으로 나는 크림 없은 딸기를 몹시 좋아한다. 그런데 이상하게도 물고기는 지렁이를 더 좋아한다.

무엇이 아이들의 관심을 사로잡을지 우리는 예측할 수 없다. 아이들을 몰입시키는 것도 우리가 선택할 수는 없다. 자신의 배움에 대해 주인의식을 가질 기회를 주지도 않으면서 높은 수준으로 집중하고 몰입하도록 강요할 수는 없다.

아이들에게 선택권을 준다는 것을 낚시에 비유하면, 각자 원하는 미끼를 낚싯바늘에 끼우고 자신의 낚싯줄을 던질 수 있게 하는 것이다.

배움은 강요한다고 일어나는 게 아니다.
자연스럽게 호기심과 궁금증을 갖게 될 때
비로소 배움이 일어난다.

학교를 새롭게 바꾸기 위해 전체 시스템을 다 뜯어고칠 필요는 없다. 아예 처음부터 다시 시작할 필요도 없다. 효과가 있었던 것들을 내다 버릴 필요도 없다. 엄격함(rigor)을 내려놓고 활력(vigor)으로 초점을 전환하면 된다.

완전히 자유롭든 다소 제한이 있든 간에 선택권을 갖게 되면, 아이들은 배움을 더 깊은 수준으로 끌고 갈 수 있다. 그 모습을 보며 우리 역시 우리가 애초에 배우는 것을 좋아했던 이유를 떠올리게 될 것이다. 그것은 바로 우리가 꿈만 꾸던 일을 실행할 수 있게 해준다는 것이다.

이 점을 명심하자.

교사로서 우리의 역할은 '무언가'에 대비해 아이들을 준비시키는 게 아니다. 우리의 역할은 아이들 스스로 '무슨 일에도' 대비할 수 있도록 돕는 것이다.

아이들이 직접 선택하게 하고 무엇을 해내는지 지켜보자.

토론해봅시다

Q1 특정 성취기준을 가르쳐야 할 때 어떻게 학생들에게 선택권을 주고, 그들의 관심사를 활용하나요?

Q2 학생들에게 선택권을 주는 선택 중심 프로젝트(예컨대, 천재의 시간, 궁금한 일주일 등)를 수업시간에 실행한 적이 있나요? 구체적으로 어떤 프로젝트였는지 함께 이야기해봅시다.

Q3 새로운 것을 시도해보라고 '격려하는 것'과 '요구하는 것' 사이에는 어떤 차이점이 있을까요?

5장

스스로
만들어가는 길

아이들에게 학습계획서와 같은 로드맵을 주지 말고,
자신의 로드맵을 스스로 만들도록 돕자.
배움은 경주나 경쟁이 아니라 웅대한 모험이다.

아이들에게
선택지만
제공할 것이 아니라
가능성을
자극해야 한다

교사로 부임한 첫해의 일이다. 나는 그해 최고의 수업으로 손꼽히리라 자부하며 수업을 준비하고 있었다. 몇 시간에 걸쳐 수업계획을 짜고, 흠이 없어 보일 때까지 수정에 수정을 거듭했다. 종이에다가 말이다.

그런데 세 번째 수업 중에 갑자기 나는 절망스러운 현실을 깨달았다. 내 수업은 정말 형편없었다. 아이들은 적극적으로 참여하지 않았다. 그들은 내가 준비한 '미국 남북전쟁에 관한 신문 만들기' 활동을 하고 싶어하지 않았다.

몇몇 아이들은 내 말을 듣고 **토론** 질문에 대답하는 등 겉보기에는 수업에 참여하고 있는 것처럼 보였다. 그중 몇몇은 남북전쟁에 대한 만화 그리기 활동을 재미있어 하기도 했다. 그럼에도 불구하고 나는 여전히 뭔가가 빠져 있음을 알았다.

**아이들은 배움에 대한 주인의식을 갖고
있지 않았다.**

그 당시 나는 가르치는 행위란 내용지식을 전달하는 것이라

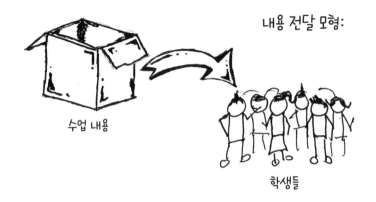

내용 전달 모형:

수업 내용

학생들

고 생각했다. 그래서 가르치고자 하는 내용을 의미 있고, 재미있고, 의욕과 흥미를 북돋는 것으로 만들기 위해 지칠 줄 모르고 일했다. 아이들이 흥미를 보이지 않을 때마다 나는 유머와 대중문화의 재미 요소를 추가해서 수업을 재미있게 만들려고 애썼다.

하지만 여전히 그건 **내가 만든 내용일 뿐**이었고 그걸 전달하는 사람도 항상 나였다.

오해는 하지 마시라.

프로젝트를 완수한 건 물론 아이들이었다. 하지만 그건 단원이 끝날 때마다 하는 정리 프로젝트였다. 솔직히 말하면 그건 프로젝트라기보다는 만들기 활동에 가까웠다.

수업시간에 우리가 했던 프로젝트는 학교 밖에서 실제 이루어지는 프로젝트와는 전혀 달랐다. 나는 형식에서부터 전략, 속도, 스타일까지 모든 것에 엄격한 규칙을 만들었다. 아이들에게 프로젝트 관련 유인물을 나눠주곤 했는데, 그건 본질적으로는 번호 순서대로 색칠하기만 하면 그림이 완성되는 안내문 같았다.

그 당시 나는 아이들이 자신만의 그림을 그릴 수 있다는 것을 생각조차 하지 못했다.

나는 잘하고 싶었다. 아이들이 해야만 하는 일을 알게끔 돕고 싶었다. 그래서 아이들에게 무엇을 할지 알려주는 명확한 안내문을 주었다. 하지만 정작 중요한 요소 하나를 빠뜨렸다.

바로 **선택권**이었다.

이제 와 돌이켜 보면 그 당시 진행한 프로젝트는 항상 나에게 선택권이 있었다.

다음을 보면 무슨 말인지 이해가 될 것이다.

자료를 선택한 것도 나

내용을 선택한 것도 나

질문을 던진 것도 나

지침을 작성한 것도 나

프로젝트 진척 상황을 관리한 것도 나

학습과제를 선택한 것도 나

수업목표를 설정한 것도 나

성취기준을 고른 것도 나

형식을 결정한 것도 나

결과물이 좋은지 아닌지 판단하는 것도 나

다시 말하면, 내가 미리 모든 것을 선택했다.

나는 두려웠다

나는 아이들이 창의적으로 스스로를 통제하길 원했지만,
동시에 두려움도 컸다.
아이들이 직접 선택하도록 하는 게 좋다고 알고는 있었지만
내 머릿속에는 너무 많은 의구심이 떠다니고 있었다.

교장선생님이 이 일로
나를 비난하실지도 몰라

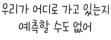
우리가 어디로 가고 있는지
예측할 수도 없어

아이들이 시험을
망치면 어쩌지?

성취기준에 맞지
않으면 어쩌지?

너무 시끄럽지는 않을까?

그 당시
내가 가진 두려움

아이들이 수업 내내
떠들지도 몰라

모든 게
혼란스러워질지도 몰라

시간을 너무 많이
잡아먹을 수도 있어

아이들이 과제에
집중하지 않을 수도 있지

정지

아이들이 수업활동을
안 하려고 할지도 몰라

모험이라기보다 어쩌면
도박일지도!

아이들이 얼마나 잘하고 있는지
진척도를 파악하지 못할 수도 있어

관광객의 덫

　돌이켜 보면 나는 수업내용으로 아이들을 인솔하는 '관광 가이드'처럼 행동한 것 같다. 수업은 패키지 여행처럼 내가 세심하게 준비한 일련의 발표 같았고, 그 수업에서 나는 아이들을 웃기기도 하고, 관심 있어 할 대목을 짚어주곤 했다. 몇몇 아이들은 수업 중에 질문을 했고, 수업이 잘되는 날에는 토론도 벌였다.

　하지만 우리가 관광버스를 떠난 적은 없었다. 우리는 새로운 성취기준을 받아들이고 새로운 학습목표를 다루기 위해 며칠에 한 번씩 멈춰서면서 교육과정이라는 지도에 명시된 길을 정확히 따라가고 있었다.

나는 '관광 가이드' 같은 교사였다.

아이들이 지루해할 때마다 재미있는 요소를 두 배로 늘렸다. 아이들이 수업을 잘 이해하지 못하면 설명을 간단하게 만들었다. 그러나 교사인 나와 학생들 모두 같은 방향, 같은 속도, 같은 방법으로 가고 있었다. 그렇게 수업이라는 관광버스를 몰고 있는 사람은 나였다.

그러다 모든 게 바뀌었다.

주(州) 단위 학력평가 기간은 소위 '레임덕(lame duck, 임기 만료를 앞둔 공직자가 정책 집행에 일관성이 없을 때 '절름발이 오리'로 비유하는 표현. 학교에서 레임덕 기간은 방학 전, 학기말이나 학년말, 시험기간 등 평소 시간표대로 수업이 이루어지지 않는 때를 일컫음-옮긴이)' 주간이었다. 매일 3시간씩 사회수업이 있었지만 정해진 교육과정을 따를 필요는 없었다.

그래서 나는 아이들에게 물었다.

"뭘 좀 만들어볼까?"

간단한 논의 끝에 우리는 이민과 관련된 다큐멘터리 프로젝트를 하기로 했다. 아이들은 소모둠별로 그 주제와 관련해 조사를 하기 시작했다.

그 다음부터는 엉망진창이었다.

나는 인터뷰 진행, 동영상 촬영, 논픽션 스토리의 전개 방법에 관해 간단한 수업을 했다. 신뢰할 수 있는 자료를 찾는 법을 알려주려고 일대일 면담도 했다. 문서 공유를 통해 대본을 돌려보기도 했다.

하지만 일은 순조롭게 흘러가지 않았다. 몇몇 학생들은 자신이 맡은 부분을 완성하지 않았다. 진짜 청중을 대상으로 한 발표는 시작도 못했다. 평소 성적이 좋은 아이들 몇 명은 그 어느 때보다 더 답답해하며 걱정스러워했다. 그 아이들은 이제껏 이런 실패를 해본 적이 없었기 때문이다. 몇몇 아이들은 일이 제대로되지 않자 눈물을 흘리기까지 했다.

하지만 그 혼란 속에서도 무언가 분명하게 드러나는 것이 있었다.

아이들이 달라졌다!

전에 숙제를 한 번도 안 냈던 아이들이 자발적으로 자기 이웃에 사는 이민자들을 촬영하기 시작했다. 수업 중에 질문을 전혀하지 않던 아이들이 신랄한 인터뷰 질문을 만들고 싶다며 구체적인 방법을 물었다.

"저는 그렇게 창의적이지 않아요."

이렇게 말하던 아이들이 스토리보드를 만들고 동영상을 편집했다.

아이들은 말 그대로 역사를 만들고 있었다. 인터뷰를 촬영하고, 자신의 대본을 추가하고, 시각자료를 찾고, 좀 더 광범위한 한 편의 다큐멘터리를 만들기 위해 다른 모둠과 협업했다.

배움의 주도권을 갖게 된 임파워링 환경에서 아이들은 신나 있었다.

열정이 넘쳤다.

아이들은 메이커가 되었다.

모든 것이 바뀌었다!

아이들을 이렇게 바꾼 비밀 요소는 새로 만든 제작 공간이나 멋진 작업실이 아니었다(아이들은 동영상을 찍을 때 휴대전화를 사용했다). 새로운 프로그램도 교육청의 계획도 아니었다.

그 비밀 요소는 다름 아닌 '자유'였다.

교육과정이라는 지도가 없어서 우리는 정해진 길을 벗어나야 했다. 그 길이 험난하긴 했지만(음, 정말 험난한 길이었다), 그것은 또한 웅대한 모험이었다.

이어진 여름방학 내내 나는 다음과 같은 질문을 던지며 내 수업의 모든 요소를 분석했다.

아이들 스스로
결정할 수 있는데도
내가 결정해주고 있는 것은
무엇인가?

이 질문 앞에서는 겸손해질 수밖에 없었다. 아이들이 지루해하거나, 기껏해야 즐거워하는 동안에, 내가 얼마나 가르치는 일에만 혈안이 되어 있었는지 깨달았다. 그리고 그 순간, 나는 모든 것을 바꿨다. 우리반 규칙, 수업 절차, 교수 전략, 교안, 프로젝트, 평가 등 모든 것을 뜯어고쳤다.

모조리 싹!

나는 아이들과 함께 길을 벗어나기로 했다.

아이들이 학습과정을 주도할 수 있게 하는 온갖 방법을 목록화했다.

내가 생각해낸 핵심 전략은 다음과 같다.

하나,
아이들이 목적지를 정한다

똑같이 정해진 길을 따라가도록 하는 대신, 아이들 각자 원하는 내용을 탐험할 수 있게 한다. 독특한(혹은 그렇지 않은) 관심사를 토대로 아이들은 자기만의 주제와 소주제를 결정할 것이다.

여전히 내가 가르쳐야 하는 내용이 있다는 건 알고 있다. 지켜야 할 성취기준과 교육과정이란 게 있으니까. 하지만 교육과정 지도(curriculum map)는 말 그대로 지도일 뿐이다. 지도는 선택지를 제한하기보다는 가능성을 불러일으키는 역할을 해야 한다. 이 얘기는 후반부에 다시 하도록 하겠다.

둘,
아이들이 질문한다

미리 정해진 질문에 대답하기보다는 각자의 호기심에서 비롯된 질문을 하게 한다. 가끔은 아이들 각자 직접 나서서 질문을 찾아볼 것이다. 친구들끼리 서로 질문하거나 모둠별로 새로운 아이디어를 찾아볼 때도 있을 것이다. 어느 경우든 이러한 탐구 과정에서 아이들이 주도권을 갖도록 한다.

셋,
아이들이 속도를 조절한다

단체관광에서는 모두가 함께 움직여야 한다. 하지만 정해진 길을 벗어나면 아이들은 각자의 속도로 움직일 수 있다. 빠르게 새로운 길을 개척해가는 아이들이 있는가 하면, 시간을 두고 천천히 새로운 지역을 알아가는 아이들도 있을 것이다.

그 과정에서 어느 누구도 '뒤처져서는' 안 된다.

배움은 경주나 경쟁이 아니라 웅대한 모험이다.

넷,
필요한 도구를 아이들이 고른다

아이들이 유용하다고 생각하는 도구라면 무엇이든 사용할 수 있도록 선택권을 줘라. 메모지를 원하는 아이가 있는가 하면, 엑셀 프로그램을 선호하는 아이가 있을 수 있다. 아이들은 스스로 도구를 선택하고 학습 전략도 결정하면서 프로젝트에 더욱 적극적으로 참여하게 될 것이다.

다섯,
아이들이 학습목표를 정한다

그날그날 공통의 학습목표가 있지만, 개입(intervention, 학습에서 뒤처진 부분을 따라올 수 있도록 지원하기 위한 구체적 지도 프로그램-옮긴이) 혹은 심화(enrichment, 학습이 부진하거나 뛰어난 학생을 위해 제공되는 별도의 다양한 활동 및 지도 프로그램-옮긴이) 학습을 할 것인지 아이들 스스로 선택하고 그에 따른 추가적인 학습목표도 아이들이 직접 정하도록 한다. 수업과 관련된 모든 스캐폴딩(scaffolding, 학습을 촉진하기 위해 한시적으로 적절한 지원을 제공하는 것-옮긴이) 역시 선택사항으로 아이들이 직접 고르게 한다.

여러분의 교실에서
배움이라는 차를 운전하는 사람은
누구인가?

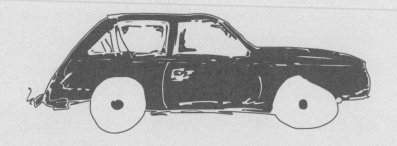

나도 처음에는 겁이 났다.

아이들이 하기 싫어할까 봐 걱정했는데, 아이들은 스스로 정한 활동이라 오히려 더 열심히 했다. 아이들이 어찌할 바를 모르다가 포기해버릴까 봐 두려웠다. 하지만 아이들은 창의적인 위험을 더 많이 감수했다. 나는 우리가 모든 성취기준에 도달하지는 못할 것이라고 걱정했다. 하지만 아이들은 반드시 연마해야 할 핵심 스킬에 시간을 더 투자했고, 숙달 수준에 도달해야 할 스킬에는 시간을 덜 썼다. 무엇보다도 나는 시험이 너무 두려웠는데, 우리 반 성적은 상위 50퍼센트를 늘 유지했다.

프로젝트가 늘 완벽하게 흘러가지는 않았다. 완전히 실패로 끝난 프로젝트도 있었다. 내가 아이들의 프로젝트에 과하게 개입하거나, 극성 부모들처럼 너무 많은 도움을 주려고 할 때도 있었다. 아이들을 급하게 몰아붙였지만 전혀 마무리가 안 된 때도 있었다. 정해진 형식이 너무 많은 때도 있었고 반대로 충분치 않은 때도 있었다. 프로젝트가 순조롭게 진행되는 날에도 전혀 의욕이 없는 아이들이 있었다.

지금도 나는 여전히 아이들에게 선택권을 주는 여정에 있다. 수업시간에 나는 아직도 말을 너무 많이 한다. 많은 경우, 여전히 내가 결정을 내리고 있으며 아직도 아이들이 스스로 자기관리를 하도록 허용하는 게 어렵다. 하지만 아이들에게 임파워링하는 것이 답이라는 것은 확신한다. 아이들이 배움의 과정에서 더 많은 목소리를 내고 더 많은 선택권을 갖도록 하기 위해서는 반드시 임파워링해야 한다.

그런데,
교육과정은 어쩌지?

길을 벗어나는 건 분명 멋진 일이지만 현실도 고려해야 한다. 우리에겐 특정 시기에 반드시 다뤄야 할 성취기준, 교육과정, 규칙이란 게 있다. 모든 학생이 같은 속도와 같은 방식으로 같은 시간에 같은 것을 하게 되어 있는 공장식 표준화된 학교교육 시스템 속에서 우리 대부분은 일하고 있다.

다시 말해서 이와 같은 학교 시스템은 웅대한 모험을 하도록 설계되어 있지 않다. 그래서 우리는 창의성을 발휘해야 한다. 교육과정은 일종의 지도일 뿐이다. 그리고 그 지도는 선택지를 제한하기보다는 가능성을 불러일으켜야 한다.

교육과정은 특정 성취기준을 특정한 때에 달성해야 한다고 일러주지만 그건 단순한 시작점일 뿐이다. 우리는 그 속에 숨어 있는 기회를 찾아내야 한다. 예를 들면 이런 것들이다.

1. 내용 중립적 성취기준에 주목하면 학생들이 원하는 주제를 선택하도록 허용할 수 있다.

2. 탐구와 조사 활동이 깊이 있는 학습의 기회가 된다는 것을 보여줘라. 즉, 학생들은 탐구와 조사 활동을 통해 교과내용을 더 깊이 학습할 뿐만 아니라 언어 영역의 성취기준과 수리 영역의 문제풀이도 연습할 수 있다.

3. 교육과정은 학년별 성취기준을 정해두고 있지만, 그렇다고 해서 해당 학년이 될 때까지 특정 성취기준을 연습할 수 없다는 뜻은 아니다. 내재적 개입(embedded intervention, 특정 스킬을 연마하기 위한 기회를 추가로 제공하는 교수 기법 중 하나로, 기존의 학습환경에 자연스럽게 통합해 학습자에게 제공함-옮긴이)의 일환으로 자연스럽게 끼워 넣으면 된다.

4. 교육과정은 무엇을 가르쳐야 하는지 알려준다. 하지만 무엇을 가르칠 수 없다고 알려주지는 않는다. 학생들이 성취기준을 직접 선택하여 각자 필요로 하는 스킬을 연습하고 있다면, 이것이 바로 내재적 개입이다. 그리고 이런 활동을 하면서 나선형 학습 모델(spiral learning model, 교육과정 구성의 계속성 원리를 활용하여 같은 것을 단순히 반복하는 것이 아니라 점진적인 심화와 확대를 통해 완전학습에 이를 수 있다는 교수이론-옮긴이)과 완전학습 모델(mastery model, 교육과정 속에 규정되어 있는 대부분의 교육목표는 거의 모든 학생이 성공적으로 달성할 수 있다고 보고, 이를 성취하기 위해 수업 절차가 학생 개개인의 능력과 학습 속도에 따라 최적의 것이 되도록 구성되어야 한다는 교수이론으로 숙달학습이라고도 함-옮긴이)을 동시에 충족하고 있음을 강조할 수 있다.

가야 할 길을 아이들이
직접 선택하면,
자신의 배움을 위해
어떻게 길을 찾아갈지도
배우게 된다

이런 수업은 어떨까?

중학교 2학년 과학수업을 예로 들어보자.

힘과 운동에 대한 단원을 배우고 있다. 선생님이 파워포인트를 보여주며 수업을 하고 학생들은 필기한다. 마지막에 선생님이 실험을 보여준다. 그러면 모든 학생이 요리법을 따라 하듯 실험을 하고 똑같은 종류의 보고서를 작성한다.

그런데 이 반은 다르다.

수업은 질문으로 시작한다. 학생들이 물체를 가지고 놀면서 속도, 운동, 중력에 관해 질문한다. 그리고 네 명씩 모둠으로 자료조사를 한다. 이때 각자의 속도와 수준에 맞춰 자료를 읽는다. 자료를 혼자 읽는 게 어렵다면 관련 영상을 보며 도움을 받을 수 있다. 어느 시점이 되면 선생님이 와서 자료에 나온 중요한 사실을 이해하도록 도와준다. 그러는 동안 모둠별로 탐구질문 중 하나에 답하는 짧은 동영상을 제작한다. 여기저기 돌아다니며 조사를 진행하는 시간이 끝나면 선생님이 시나리오를 준다.

학생들은 모형 롤러코스터를 설계하기 시작한다. 조사과정에서 배운 아이디어가 불현듯 떠올라 이를 적용하기로 하고 이것저것 시험해본다. 자료를 더 찾아 읽고, 여러 아이디어를 시제품(prototype) 제작에 적용한다.

마침내 이 반에서는 새 놀이공원에 최적인 롤러코스터를 뽑는 경연대회가 열린다.

토론해봅시다

Q1 이 장에서는 학습이라는 여정을 누가 주도하는지에 관해 다뤘습니다. 교사가 주도하는 것이 최선인 경우는 언제일까요?

Q2 이 장의 필자인 존은 과거에 자신이 수업에서 학생들에게 선택권을 줄 때 느꼈던 두려움을 삽화와 함께 소개하고 있습니다(p. 113 참조). 개인적으로 공감했던 부분이 있다면 자유롭게 이야기해봅시다.

Q3 아이들이 스스로 충분히 결정할 수 있는데도 아이들 대신 해준 적이 있나요? 주로 무엇에 관한 결정이었나요?

6장

미로를
헤쳐나가는 힘

미로와 같은 세상을 헤쳐나가려면
자기주도적이고 창의적이어야 한다.
자기주도학습자는 자발적으로 시작하는 사람인 동시에
자기관리를 잘하는 사람이다.

순응하는 태도에서
자기주도적 태도로의
전환

순응   자기주도성

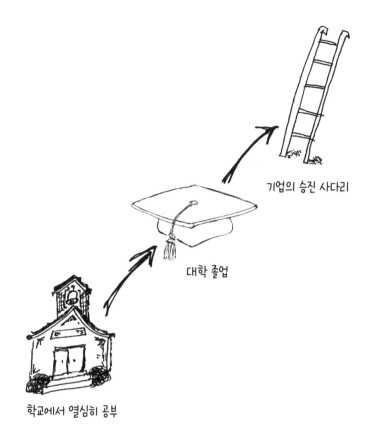

기업의 승진 사다리

대학 졸업

학교에서 열심히 공부

얼마 전까지도 우리는 이런 공식을 따랐다. 열심히 공부해서
대학에 가라. 그리고 기업의 승진 사다리를 올라가라.

선택, 열정, 흥미에 관한 얘기는 없었다. 오직 순응만이 있을
뿐이었다. 세상에서 멋지게 성공하기 위해 시간을 투자하는 것에
관한 것뿐이었다. 그리고 이게 통했다. 물론 모든 사람에게 항상
통하지는 않았지만, 그래도 많은 사람들에게 통했기 때문에 사회
는 이런 공식을 당연시했다.

하지만 이제
세상이 바뀌고 있다

　우리는 현존하는 많은 직업을 로봇과 인공지능이 대체하는 시대에 살고 있다. 국가 간 연결성이 높아지면서 국경을 넘어 노동력의 외주화가 지속될 것이다. 기업의 승진 사다리는 사라지고 복잡한 미로가 그 자리를 대체할 것이다.

　아이들은 불안정성이 새로운 일상으로 여겨지는 노동시장에 들어갈 것이다. 미로처럼 변한 그곳에서 길을 찾기 위해서는 자기주도적이고, 독창적이고, 창의적이어야 한다.

　이것은 무시무시한 현실이다.

　하지만……

**모든 것에는 기회가 숨어있다.
규칙이 바뀐 건 사실이다.
그런데 그건 아이들이 규칙을 다시 쓸 수도
있다는 의미이다.**

앞으로 우리 아이들은 지금은 존재하지 않는 직업을 갖게 될 거라고들 한다. 그런데 여기에는 또 다른 현실도 있다. 그건 바로 아이들이 그 새로운 직업을 창조하는 사람들이 될 거라는 사실이다.

모든 아이들이 다음 세대의 구글(Google), 픽사(Pixar), 리프트(Lyft) 같은 회사를 만들어낼 순 없다. 기술자, 예술가, 회계사가 되는 아이들도 있을 것이고, 과학기술 분야나 전통적인 기업, 시민사회 영역에서 일하는 아이들도 있을 것이다. 그러나 우리 아이들이 아무리 다양한 분야에서 일하게 되더라도 언젠가는 모두 하나의 보편적인 현실에 맞닥뜨리게 될 것이다.

**그것은 바로, 변화하는 세상에서
성공적으로 살아가기 위해서는
한 명 한 명이 모두 기업가처럼
생각해야 한다는 사실이다.**

모든 사람이 새로운 회사를 만들지는 않겠지만, 직업인으로 계속 성공하기 위해서는 자신의 직업을 끊임없이 발명하고 새롭게 바꿔야 한다. 다른 말로 하면, 영민해질 필요가 있다.

이런 이유로 우리는 지난 몇 년간 다양한 산업 분야의 기업가들을 인터뷰했다. 그때마다 다음 두 가지 질문을 했다.

"학교에서 무엇을 배웠다면 좋았을까요?"

"기업가로 성공하기 위해 갖춰야 할 스킬은 무엇입니까?"

시간이 지날수록 우리는 전이 가능한 스킬(transferable skills)보다는 자기주도적 마음가짐이 더 중요하다는 것을 알게 되었다. 그래서 다음과 같은 질문을 던지기 시작했다.

"기업가처럼 생각한다는 건 어떤 겁니까?"

가장 흔한 답변은 이것이다.

"자발적으로 시작하는 사람이 돼야 한다는 거죠."

기업가는 자기 차례가 오기만을 기다리지 않는다. 그들이 눈에 띄는 이유가 여기에 있다. 그들은 기회를 기다리거나 누군가 불러주기만을 바라고 있지 않는다. 매뉴얼 같은 것을 기대하지도 않는다. 자신의 아이디어를 현실화하고 그것을 사업화하는, 자발적으로 시작하는 사람들이다. 그들은 규칙을 스스로 만든다.

기업가가 무슨 특별한 종족이어서 그런 건 아니다. 작가 애덤 그랜트(Adam Grant)가 지적하듯이 그들도 우리처럼 겁이 많다. 하지만 (바로 이 부분이 중요한데) 그들이 두려워하는 건 실패가 아니다. 자신의 아이디어를 현실화하지 않을 때 일어날 일을 더 두려워한다.

**모든 아이가 기업가가 되지는 않겠지만,
언젠가는 그들 모두가 기업가처럼
생각해야 할 것이다.**

자발적으로 시작하는 사람이 되어야 한다.

그리고 거기서 끝나서는 안 된다.

시작하는 건 여러 단계 중 하나일 뿐이다. 수많은 근사한 아이디어도 흥미와 관심을 잃으면 몇 달 안에 흐지부지되어 버린다.

기업가 정신(entrepreneurship)에서 종종 간과되는, 중요하고도 어려운 측면이 있다.

"자신을 갈아 넣는 것처럼 몹시 고된 일이죠."

이 말에 함축되어 있는데, 이는 자기관리를 잘하는 사람이 된다는 것이 얼마나 어려운지를 보여준다.

자기관리 능력이 있는 사람이 되어야 한다.

자발적으로 시작하는 사람(self-starter)이 되기 위해 혼란의 한가운데에서도 혁신을 촉발하는 게 중요하다면, 자기관리를 잘하는 사람(self-manager)이 되기 위해서는 마감일을 지키며 일상을 유지하는 법을 아는 게 중요하다.

자발적으로 시작하더라도
자기관리 능력이 없으면
(후속 작업이 부족해)
일을 마무리 짓지 못한다

자발적으로 시작   자기관리 능력   마무리 못함

반대로,
자기관리를 잘하더라도
자발적으로 시작하지 않으면
(혁신성이 부족해)
영감을 주지 못한다

자기관리 능력   자발적으로 시작   혁신성 부족

이와 비슷한 태도 혹은 마음가짐을 표현하기 위해 '자기주도 학습자(self-directed learner)'라는 표현을 자주 쓰는데, 이는 자발적으로 시작하는 사람인 동시에 자기관리를 잘하는 사람을 가리킨다.

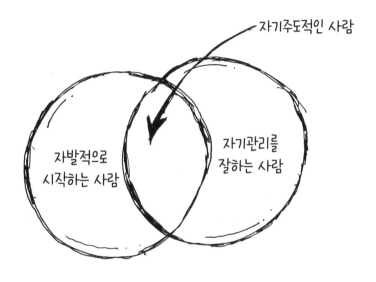

이제 자기주도성의 두 가지 핵심을 파헤쳐보자.

자기주도성의 핵심
첫 번째 :

자발적으로 시작하기

영어를 배운 지 3년 만에 온라인에 네 편의 영문 소설을 써서 올린 중학교 2학년 여학생 제자가 있다. 그 아이는 쉬는 시간에도 교실에 남아 이메일 구독자를 늘릴 방안을 궁리했다. 또 작품의 줄거리에 좀 더 긴장감을 만들어내는 방법이나 캐릭터를 발전시키기 위해 단순묘사보다는 캐릭터의 행동을 보여주는 방법 등을 쓴 블로그 글을 읽기도 했다.

그 여학생은 자발적으로 시작하는 사람이었다.

6학년 때 스크래치(Scratch, MIT 미디어 연구소에서 개발한 교육용 프로그래밍 도구-옮긴이)를 갖고 놀면서 프로그램의 코드 짜는 법을 혼자 익힌 남학생도 있었다. 멘토교사의 지원으로 그 아이는 가족 구성원 중 처음으로 고등학교를 졸업했다. 그리고 현재 공학 분야에서 석사과정을 밟고 있다.

그 남학생도 자발적으로 시작하는 사람이었다.

내가 가르친 아이들 중에는 엄청난 재능을 타고났지만, 자신의 꿈을 추구하지는 않고 기회가 찾아와 주기만을 기다리는 아이도 많았다. 그러나 그 아이들에게 그런 일은 결코 일어나지 않았다. 그들은 순종적이고 품행도 모범적이었지만 자발적으로 시작하는 아이들은 아니었다. 누군가 자신에게 기회를 주리라는 절대로 실현되지 않을 제안을 수년간 기다리고 있을 뿐이었다.

아이들이 자발적으로 시작하는 사람이 되도록 어떻게 격려할 수 있을까?

첫째,
흥미와 열정을 자극하라

아이들은 자기에게 중요한 일일 때 주도적으로 행동한다. 간단하게 들리지만 사실 무척 어려운 일이다. 이렇게 하려면 아이들의 관심사와 열정을 활용해야 한다. 아이들이 해볼 만하다고 느낄 수 있도록 수업 주제를 이해하기 쉽게 만들어야 한다. 수업 시간에 배우는 내용에 큰 흥미를 느끼면 아이들이 집에서도 그것을 스스로 탐구하는 마법과도 같은 일이 일어난다.

둘째,
자발적 학습의 기회를 제공하라

정규 수업에서 시간을 일부 할애하여 아이들이 자신의 학습을 자발적으로 시작할 기회로 활용하라. '궁금한 하루(Wonder Day, 아이들 스스로 궁금한 것을 찾아 질문하고 그 답을 찾는 프로젝트-옮긴이)' 같은 집중 탐구 프로젝트를 하거나 '천재의 시간,' '수업시간의 20퍼센트' 프로젝트를 시도하는 것도 좋다. 대상 분야, 주제, 형식 등을 아이들이 직접 선택해서 블로그를 운영하게 할 수도 있다.

셋째,
도구를 제공하라

간혹 아이들은 뭔가를 배우고 싶어도 그것을 배우는 데 필요한 도구나 자원 또는 자료가 부족해서 어려움을 겪는 때가 있다. 이때 적절한 도구를 제공하면 아이들이 주도적으로 무언가를 만들 수도 있고 배울 수도 있다. 또 전에는 상상할 수 없었던 무언가를 추진할 수도 있다.

넷째,
창의적인 위험을 감수하며
새로운 시도를 하도록 격려하라

두려움은 무언가를 자발적으로 시작하는 데 가장 큰 장애물이다. 그것은 실패에 대한 두려움일 수도 있고, 올바른 방법으로 하고 있지 않다는 두려움일 수도 있다. 다른 사람들이 결과물을 좋아하지 않을지도 모른다는 두려움일 수도 있다. 이로 인해 아이들은 뭔가를 배우고 싶다는 생각은 있지만 실행에는 주저하게 된다. 이런 현상은 아이들이 위험을 감수하고라도 새로운 것을 시도하도록 격려함으로써 해결할 수 있다.

다섯째,
몸소 시범을 보여라

　교사 자신이 일상에서 무언가를 자발적으로 시작하는 모습을 몸소 아이들에게 보여라. 소설을 쓰고 있다면 그것에 대해 말해주고 그 과정에서 느끼는 두려움과 어려움 또한 아이들과 공유하라. 자발적으로 시작하는 사람들이 엄청난 자아나 확고한 자신감을 가진 사람들이 아니라는 것을 아이들이 깨닫게 해주자. 자발적으로 시작하는 사람은 기회를 찾을 뿐 아니라 스스로 만들어내는 사람임을 아이들이 당신 모습을 보면서 알게 해주자.

여섯째,
격려하고 칭찬하라

　아이들이 자신의 학습에 책임감을 느끼고 자발적으로 시작하는 모습을 보이면 이를 꼭 언급해주자. 과제를 남보다 일찍 끝내서 스스로 심화학습 활동을 선택한다거나 뭔가 독특한 관심거리를 찾아 파고드는 것처럼 소소한 일도 괜찮다. 자기주도의 순간을 발견하면 축하해주자! 이런 작은 습관들이 아이들이 자발적으로 시작하는 태도를 갖게 해준다.

일곱째,
공동체와 적극 연결해줘라

자발적으로 시작하는 사람들은 혼자 겉도는 사람들이 아니다. 그들은 대부분 그 과정에서 길을 찾도록 도와주는 동료나 멘토와 밀접한 유대관계를 맺는다.

아이들도 마찬가지여야 한다. 아이가 고학년이라면 공동체 속에서 자발성을 발휘할 기회를 주거나 자발성 관련 유명 연사의 강연을 듣게 할 수 있다. 저학년이라면 아이 스스로 관심사를 탐색할 장소를 찾도록 부모나 교사가 도와줄 수 있다.

자기주도성의 핵심
두 번째 :

자기관리하기

자기주도성의 두 번째 부분은 자기관리다. 자기관리란 누군가 어깨너머로 지켜보지 않아도 자신의 계획에 따라 과업을 지속한다는 의미다. 기업가들이 '스스로를 갈아 넣는 것처럼 몹시 고된 일'이라고 표현하곤 하는 바로 그 부분이다. 그러나 우리가 결과물을 내거나 목표를 달성할 기회를 얻는 곳도 바로 이 부분이다. 그리고 여기서 진짜 작품이 나온다.

다음은 자기관리에 필요한 몇 가지 핵심 요소이다.

첫 번째 요소: 목표를 설정하고 진행 상황을 기록하기

자기관리는 자신이 무엇을 하고 있는지, 어디로 가고 있는지, 다음에 무엇을 할 계획인지를 인지하는 데서 시작된다. 자기관리를 잘하는 아이들은 자기가 무엇을 하고 있는지는 물론 왜 그것을 하고 있는지도 안다.

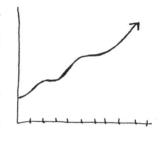

자신이 무엇을 하고 있고, 어디로 가고 있는지 잘 알고 있는 아이들은 목표를 세운다. 학습목표일 수도 있고 프로젝트 목표일 수도 있다. 그러고 나서 스스로 진행 과정을 관찰하며, 지금 내가 어떻게 하고 있고 더 나아지기 위해서는 다음에 무엇을 해야 할 것인지에 대해 자주 성찰한다.

두 번째 요소:
과업을 세분화하고 마감일 정하기

자기관리를 잘하는 사람들은 큰 과업을 세분화해서 여러 개의 하위 과업으로 만들고 마감일을 정할 줄 안다. 시간, 자원, 구체적 행동의 측면에서 필요한 것이 무엇인지 현실적으로 고려할 수 있다. 이 능력은 프로젝트 관리의 중요한 요소이다. 큰 그림과 세부사항을 보며 그 둘 사이의 복잡한 관계를 파악할 수 있어야 한다.

대개는 교사들이 프로젝트의 단계별 마감일을 정하곤 한다. 그런데 이렇게 하면 아이들이 프로젝트 관리의 핵심 스킬을 배울 기회가 대폭 줄어들 수 있다. 아이들 스스로 과업을 세분화하고 실현 가능한 마감일을 정할 수 있어야만 아이디어 상태의 프로젝트를 현실로 구현할 수 있게 된다.

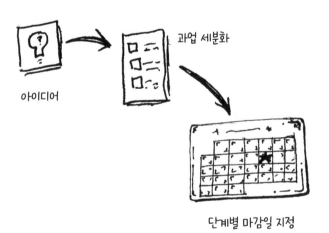

아이디어

과업 세분화

단계별 마감일 지정

세 번째 요소:
유연하게 사고하며 문제 해결하기

과업 및 마감일 관리가 자기관리 능력의 필수 요소이긴 하지만 일이 늘 계획대로 흘러가지는 않는다. 완벽한 계획을 세웠다 하더라도 한 치 앞도 모르는 게 우리 인생이다.

아이들 세계에서도 마찬가지다. 어느 날은 갑자기 집에 인터넷이 안 되고, 팀원인 친구가 아파서 이틀간 학교에 못 나오기도 한다. 학교에서는 계획에 없던 소방대피훈련을 하거나 전체조회가 열려 계획을 망쳐놓기도 한다. 더는 창의적인 생각이 떠오르지 않아 갑자기 꽉 막혀버렸다고 느낄 때도 있다. 이런 순간에도 유연하게 대응하며, 당면한 문제를 처리해나갈 수 있어야 한다.

많은 것들이 어그러질 것이다. 계획이 바뀔 수도 있다. 아이들 앞에는 정돈된 활동지가 아니라 엉망으로 뒤섞인 문제가 놓인다. 이게 학생 중심 학습(learner-centered learning)의 답답한 면이다. 마치 이것은 엉망으로 꼬인 실타래와 같다. 하지만 유연하게 대응하며 이러한 어려움을 극복할 때 비로소 아이들은 문제를 해결하는 사람으로 또 유연한 사고를 하는 사람으로 성장한다.

네 번째 요소:
효과적인 전략 선택하기

자기관리를 잘하는 사람들은 과업  을 완수하기 위해 어떤 전략을 쓸지 결 정할 줄 안다. 자원과 자료를 선별할 수 있으며 동시에 가장 효과적인 프로 세스를 결정할 수 있다. 그래서 자료조 사를 할 때 메모지를 이용할 수도 있고, 엑셀 프로그램을 이용할 수도 있다.

프로젝트를 관리하면서 아이들은 공유 문서나 공유 일정표 에 진행 상황을 기록해갈 수도 있을 것이다. 바로 이런 순간, 아 이들은 교사가 권해주는 전략을 그대로 사용하던 방식에서 자신 의 목표 달성에 도움이 되는 전략을 스스로 선택하는 쪽으로 나 아간다.

이를 위해서는
진짜 프로젝트가 필요하다

지금까지 언급한 자기관리의 핵심 요소가 복잡한 경제활동 수행 시 요구되는 프로젝트 관리의 핵심 요소와 거의 일치하는 것 은 전혀 놀랄 일이 아니다.

이와 같은 능력은 문제집을 풀면서 배울 수 있는 것이 아니다.

아이들이 이런 능력을 갖추길 바란다면 그들이 실제로 프로젝트를 진행해볼 수 있어야 한다.

진짜 프로젝트 말이다.

무엇보다도 아이들 입장에서 중요한 프로젝트여야 한다. 아이들이 조수석이 아니라 운전석에 앉아 주도하는 프로젝트여야 한다. 창작 과정을 아이들이 주도해야 하는 이유가 바로 여기에 있다.

토론해봅시다

Q1 학생들을 사다리 대신 미로에 대비시키는 것은 어떤 모습일까요?

Q2 교사로서의 경험상, 학생들은 '자발적으로 시작하는 사람'이 되는 것과 '자기관리를 잘하는 사람'이 되는 것 중 어느 것을 더 어려워하나요?

7장

메이커로
성장하는 아이들

창의적 작업에도 일정한 형식이 필요하다.
론치(LAUNCH) 사이클은 유치원에서 고등학교까지
언제든 사용할 수 있는 디자인 씽킹의 틀이다.

소비자에서
창작자로의
전환

소비   창작

사실, 소비(consuming, 여기서는 기존에 있던 무언가를 사용하는 것을 의미함-옮긴이)가 무조건 나쁜 것은 아니다. 이건 이 장의 뒤쪽에서 좀 더 얘기하겠다.

몇 년 전에 나는 아이들이 전자기기를 어떻게 사용하는지 알고 싶어 설문조사를 했다. 아이들은 소비하고 있을까 아니면 창작하고 있을까? 설문 결과는 다음과 같았다.

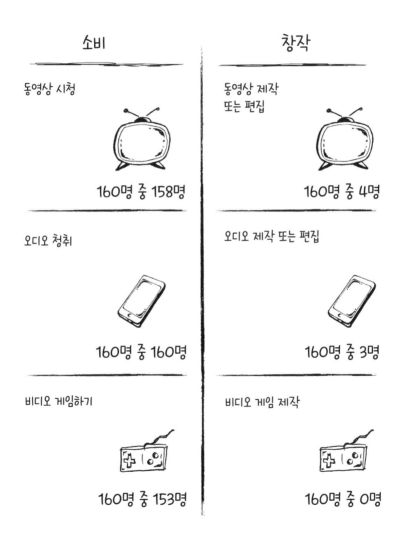

소비	창작
동영상 시청	동영상 제작 또는 편집
160명 중 158명	160명 중 4명
오디오 청취	오디오 제작 또는 편집
160명 중 160명	160명 중 3명
비디오 게임하기	비디오 게임 제작
160명 중 153명	160명 중 0명

서너 명의 예외적인 아이들이 있었다. 6장에서 언급한 바로 그 아이들이다. 한 명은 소설을 썼고, 다른 아이는 잘 나가는 유튜브 채널을 운영했다. 또 다른 아이는 팟캐스트를 진행했다. 나는 이 아이들을 보며, 진정한 차이는 디지털 격차(digital divide, 디지털을 제대로 활용하는 계층과 그러지 못한 계층 간에 심화되는 격차-옮긴이)가 아님을 실감했다.

그건 창의력의 차이였다. 소비자와 창작자, 이용만 해먹는 사람과 만드는 사람 사이의 격차였다. '이용만 해먹는 사람'이란 표현이 다소 극단적으로 들릴 수도 있는데 예전에 스무트 선생님이 나에게 해주셨던 말을 떠올리지 않을 수 없었다.

**"우리가 아무것도 만들지 않으면
세상은 우리의 창의성을 누릴
기회를 빼앗기게 된다."**

내가 가르친 아이들이 대학에 들어가고 직업을 구하는 걸 보면서, 창작자(creator)이자 메이커(maker)였던 아이들이 삶에 더 잘 적응한다는 걸 깨달았다. 그들은 자신의 경력 관리에 주인의식을 갖고서 어떤 직업을 선택하더라도 착실히 그 길을 이어갔다. 이런 태도는 경제적 상황에 영향을 받지도 않는다. 이 아이들은 더 잘 견디며 더 깊게 사고한다. 좌절감을 다스리는 법도 알고 있다.

그 아이들은
더 나은 미래를 만들며
세상을 바꾸는
메이커였다

우리는 아이들이
혁신가가 되길 원한다

6장에서 나는 아이들이 앞으로 살아가게 될 불확실한 세상을 언급했다. 그러나 미래사회에 요구되는 역량을 갖춘 사람들인 '메이커'는 현재도 성공적으로 살아가고 있다. 이들은 늘 새로운 시도를 하고, 창의성에 따르는 위험을 감수하며, 확산적 사고(divergent thinking, 문제해결의 다양한 방법을 탐색함으로써 창의적인 아이디어를 생각해내는 사고과정 – 옮긴이)를 하는 사람들이다.

다른 말로 하면 메이커는 혁신가다.

고백하건대, 나는 한때 '혁신적'이라는 어휘를 싫어했다. 실제로 그 어휘를 사용할 때마다 탐탁지 않아 하며 이런 말을 덧붙이곤 했다.

"그건 유행어일 뿐이야."

"과도하게 쓰이고 있지."

그런데 사실 어떤 어휘든지 많은 사람이 사용하기 시작하면 곧 유행어가 된다.

유행어가 잘못 사용되는 경우가 있는가? 가끔은 그렇다.

그 말을 과용하기도 하는가? 자주 그렇다.

그런데 우리는 '사랑,' '끝내준다,' '친구' 같은 어휘를 과용하긴 하지만, 이 말 중 어느 것도 포기할 생각이 없지 않은가?

나는 '혁신'이란 어휘가 가진, 번드르르한 첨단 기술을 연상시키는 어감 때문에 그 어휘에 적절치 않게 반응했던 것 같다. 이 어휘를 들으면 엡콧센터(EPCOT Center, 국제문화와 기술혁신을 주제로 미국 월트디즈니 월드리조트에 개장한 테마파크-옮긴이), 아스트로돔(Astrodome, 미국 텍사스 휴스턴에 세워진 현대식 돔형 경기장-옮긴이), 플로우비(Flowbee, 미용기구와 진공청소기를 결합한 혁신 상품의 이름-옮긴이)가 떠올랐다. 그런데 이런 것들은 시장에 일대 파란을 일으킨 신기한 물건일 뿐 혁신은 아니다.

그저 변화를 위한 변화였을 뿐이다.

하지만 혁신은 다르다.

라틴계 이민자 출신의 미국인 극작가이자 연출가인 린마누엘 미란다(Lin-Manuel Miranda)가 뮤지컬 <해밀턴(Hamilton, 미국 건국의 주역인 알렉산더 해밀턴의 일생을 다룬 힙합 형식의 뮤지컬. 역사적 인물에 동시대 음악인 힙합을 입히고, 주요 인물 대부분을 백인이 아닌 이민자와 소수인종으로 캐스팅함으로써 브로드웨이 뮤지컬의 문법을 새로 썼다고 평가 받음. 토니상 역대 16개 부문 후보라는 최다 노미네이트 기록을 갖고 있으며 퓰리처상과 그래미상을 석권함-옮긴이)에서 해낸 것이 혁신이다.

또 가브리엘 가르시아 마르케스(Gabriel Garcia Marquez, 노벨문학상을 수상한 콜롬비아 출신 소설가로 『백년 동안의 고독』을 썼음-옮긴이)가 수십 년 전에 소설 속에서 구현한 마술적 사실주의(magical realism, 라틴아메리카 문학의 대표적 경향으로, 환상과 실제가 뒤섞인 문학적 서사기법-옮긴이)가 혁신이다.

새로운 아스트로돔을 짓는 대신 옛 흔적과 결합한 형식으로 과감하게 구장을 바꾼 캠던야즈(Camden Yards, 미국 프로야구팀 메릴랜드 볼티모어의 홈구장-옮긴이)와 AT&T 볼파크(AT&T Ballpark, 미국 프로야구팀 샌프란시스코 자이언츠의 홈구장-옮긴이)가 혁신이다.

5년 전까지만 해도 없었는데 근래에 개발되어 소중한 친구를 살릴 기회를 주는 암 치료법 또한 혁신이다.

혁신은 변화를 위한 변화가 아니다.
혁신은 목적과 의미가 있을 때 일어난다.

"더 나은 방법이 있을 거야."라며 실험하고, 위험을 감수하고라도 새로운 시도를 할 때 혁신이 일어난다. "왜 안 돼?"라고 의문을 제기하며 깊은 관심을 가진 문제를 해결하기로 마음먹고서 현 상황에 도전할 때 혁신이 일어난다.

혁신이란 말이 유행처럼 쓰이긴 하지만 그래도 나는 학교에서 혁신이 일어나는 것을 보고 싶다. 아이들이 혁신가로 성장하는 것을 보고 싶다. 복잡한 문제를 풀기 위한 새로운 길을 찾으면서 확산적 사고를 적극적으로 하는 아이들을 보고 싶다. 위험을 감수하고라도 새로운 시도를 하며 현 상황에 도전하는 아이들을 보고 싶다. 아이들이 대담하고 뻔뻔스러울 정도로 달라지는 것을 보고 싶다. 아이들의 혁신적인 모습을 보고 싶다.

과감하게
뻔뻔스러울 정도로
달라지자

미래에 **혁신**을 일으킬
아이들을 원한다면,
우리는 **지금** 아이들이
창작 과정을 주도할 수 있게
독려해야 한다

창작 공간이 아니라 창작 자체가 중요하다

중학교 2학년 때의 경험(1장 참고-옮긴이)을 돌이켜보면, 그 프로젝트에서 중요한 것은 최신 기기나 장비가 아니었다. 내가 면도칼로 녹음테이프를 자르고 장거리 전화를 걸어가며 프로젝트를 완수했던 그때에 비해 과학기술은 엄청나게 달라졌지만 창작자로서의 태도와 마음가짐은 내게 그대로 남아있다.

창작 공간을 만들고 그곳을 완벽하게 창의적인 환경으로 유지하는 데 집착하기 쉽지만 물리적 공간이 중요한 게 아니다. 우리는 아이들이 언제 어디서나 창의적이길 원하지 않는가.

교사가 중요하고, 교사와 학생 간 관계가 중요하다. 부모가 중요하고, 부모와 자녀 간 관계가 중요하다. 아이들이 창의적 사고력을 갖출 수 있게 돕는 임파워링이 중요하다. 하지만 그렇게 되려면 학생들이 창작 과정에서 주인의식을 가질 수 있어야 한다.

창작 과정에서 주인의식 갖기

"가서 뭔가 만들어봐."라고 아이들에게 말해야 할 때와 장소가 있다. 이렇게만 해도 아이들이 성공적으로 시제품을 제작하고, 확산적 사고를 연습하며, 빠르게 사고하고, 창의적으로 문제를 해결한다.

하지만 창의적 작업은 속도가 느리다. 여러 가지를 계획하고 해결책을 고안하는 데는 시간이 걸린다. 아이디어를 찾아 헤매고, 다른 조건에서 실험해보다가 결국 해결책을 찾아가는 일련의 과정을 위해서는 어느 정도 정신적 여유가 필요하다.

그리고 가끔은 창의적 작업에도 일정한 형식이 필요하다. 아무런 형식이 없을 때 아이들은 오히려 어려움을 느낀다. 계획이나 목적을 생각하지 않고 뭔가 새로운 것을 만들어내는 데 바로 뛰어들고는 그 결과에 실망하기도 한다. 시작하는 데 어려움을 겪기도 한다.

아이들에게 선택권을 줄 수만 있다면 약간의 형식이 있는 것도 나쁘지 않다. 창의적인 작업을 할 때도 기준이 되는 틀이나 그 작업 방식을 따르는 데 도움을 주는 로드맵이 가끔은 필요하다. 이때 최종 결정은 어른의 몫이지만, 어느 정도 정해진 형식이 있을 때 창의적인 작업이 더 활발히 일어나는 것을 볼 수 있다.

우리가 디자인 씽킹 기법에 열광하는 이유가 여기에 있다. 디자인 씽킹은 아이들의 주인의식을 제한하는 게 아니라 아이들이 주인의식을 갖도록 임파워링하는 하나의 틀이다. 디자인 씽킹은 창작 과정을 최대한 활용하도록 만든 유연한 틀이다. 기업, 시민 사회 영역, 고등교육 기관 등 다양한 분야에서 디자인 씽킹 기법을 사용하고 있다. 디자인 씽킹을 적극적으로 활용하면 아이들의 의견이나 선택이 강화된다. 즉, 아이들이 창작 과정 전반에 걸쳐 주인의식을 갖게 된다.

디자인 씽킹은 모든 과목의 성취기준 내에서 효과적으로 작동한다. 이것은 제한된 자원만 갖고도 사용할 수 있는 유연한 접근법이다. 이미 꽉 찬 교사의 일정에 뭔가 새로운 것을 추가하는 방식이 아니라 이미 하고 있는 일을 혁신적으로 작업하게 하는 방식이다. 모든 아이의 창의성을 증진하고, 아이들이 메이커 성향을 발휘하도록 특별히 고안된 접근법이다.

바로 이것이 우리가 론치(LAUNCH) 사이클을 만든 이유다. 론치 사이클은 유치원에서 고등학교까지 어느 학년에서나 사용할 수 있는 디자인 씽킹의 틀이다. 창작하기는 사고관점이고, 디자인 씽킹은 프로세스이며, 론치 사이클은 디자인 씽킹의 틀이다.

창작하기는
사고관점

디자인 씽킹은
프로세스

론치사이클은
디자인 씽킹의 틀

디자인 씽킹의 모든 단계에서 론치 사이클을 사용할 때 배움이 어떻게 일어나는지 알아보자.

1단계
보고, 듣고, 배운다
(L: Look, Listen, and Learn)

첫 번째 단계에서 아이들은 보고, 듣고, 배운다.

이 단계의 목표는 인식(awareness)이다. 학습하는 중에 궁금증이 생기거나, 어떤 문제점을 인식하거나, 청중에게 공감하는 것 등이 이에 해당한다. 어디서 시작하든 아이들 스스로 무언가를 인식한다는 게 중요하다.

론치 사이클은 첫 단계부터 아이 주도적이다. 그렇게 하기 위해 아이들의 질문과 궁금증, 청중에 대한 공감을 활용한다. 교사와 부모가 간단한 활동이나 체험 기회를 제공할 수는 있지만, 이 단계의 목표가 아이들 각자의 호기심을 자극하는 것임을 잊어서는 안 된다.

2단계
수많은 질문을 한다
(A: Ask tons of questions)

호기심에 불이 붙으면 아이들은 두 번째 단계로 넘어가서 엄청나게 많은 질문을 던진다. 프로세스나 시스템 혹은 물리적 현상에 대한 질문일 수도 있고, 청중과의 유대감을 높이기 위한 질문, 즉 요구평가(needs assessment) 성격의 질문일 수도 있고, 연구를 위한 핵심 질문일 수도 있다.

여기서 주목할 점은, 아이들이 질문을 하고 있다는 사실이다.

중요한 것은 아이들이 교사가 준비한 일련의 질문에 대답하거나, 교사가 단원을 설계하며 만든 핵심 질문을 다시 묻고 있는 게 아니라 아이들 스스로 자신의 탐구 과정에 적극 참여하고 있다는 것이다.

3단계
연구 과정 또는 문제를 이해한다
(U: Understand the process or problem)

   2단계까지 실제로 연구가 진행되는 과정을 경험하면서 아이들은 그 과정이나 문제점을 이해하는 세 번째 단계에 도달한다. 아이들은 인터뷰나 요구평가를 진행하고, 읽을 자료를 찾고, 동영상을 보고, 데이터를 분석한다. 이를 선택 주도의 연구 과정이라고 하며, 이 과정에서 아이들은 필요한 자원을 고르고, 정보를 찾고, 그들이 생각하기에 유용한 전략을 사용한다.

   이 단계에서 아이들은 연구 과정에 주인의식을 갖게 된다. 이전 단계에서 자신이 던진 질문의 대답을 찾고, 연구를 위한 자료와 형식을 직접 선택하면서 다음 단계 진행에 도움이 될 훌륭한 배경지식을 얻게 된다.

4단계
아이디어를 탐색한다
(N: Navigate ideas)

네 번째 단계에서는 가능한 해결책을 찾기 위해 앞에서 새롭게 습득한 지식을 적용하고 아이디어를 탐색한다. 브레인스토밍은 물론, 아이디어를 분석하고 결합한다. 또한 창작하려는 것의 개념을 만들어낸다. 이 개념화 과정은 개인별로 혹은 협업을 통해서 진행할 수 있다.

아이들은 조리법처럼 단계별 방법이 정리된 프로젝트 시트를 그대로 따르지 않는다. 그 대신 자신만의 해결책을 만들고 활동 계획을 수립한다. 아이들은 이 단계에서 나온 아이디어는 물론 이 과정에 대해서도 주인의식을 갖게 된다.

아이들은 아이디어 생성부터 계획 수립, 시제품 제작까지 프로젝트 전반에 걸쳐 주인의식을 갖고 관리할 기회를 갖는다.

5단계
시제품을 창작한다
(C: Create a prototype)

다섯 번째 단계에서 아이들은 시제품을 창작한다. 디지털 작업이 될 수도 있고 실물 제작이 될 수도 있다. 예술작품이나 공학제품을 만들 수도 있다. 어떤 활동이나 행사를 기획하거나 시스템을 만드는 것도 시제품이 될 수 있다.

무엇을 어떻게 만들 것인지를 포함한 모든 과정을 아이들이 주도한다. 이 부분에서 간혹 일이 엉망이 되거나 일에 진전이 없고 혼란스러워질 수 있다. 하지만 처음으로 뭔가 잘 되는 순간 아이들의 반짝이는 눈빛을 볼 수 있는 강력한 단계이기도 하다.

이 단계에서 아이들은 자신의 아이디어가 실현되는 걸 보면서 마침내 자신을 '만들어내는 사람, 창작하는 사람, 수리하는 사람, 설계하는 사람'으로 정의한다.

6단계
잘된 부분을 강조하고, 잘 안된 부분은 고친다
(H: Highlight what works, and fix what's failing)

여섯 번째 단계에서 아이들은 잘된 부분을 강조하고, 잘 안된 부분은 고치기 시작한다. 이와 같은 수정 과정을 수많은 반복으로 이루어진 일종의 실험으로 보게끔 하는 것이 이 단계의 목표이다.

이 과정에서 아이들은 실수를 할 때마다 성공에 더 가까워진다는 것도 알게 된다. 아이들은 자기평가, 동료평가, 교사와의 일대일 상담(이에 대한 자세한 설명은 다음 장에서 다루겠다) 등을 통해 자신의 작업을 다듬는 일에 집중한다.

7단계
청중 앞에서 발표한다
(LAUNCH to an audience)

6단계까지 모두 끝나면 이제 발표할 준비가 다 된 것이다.

발표 단계에서 아이들은 진짜 청중 앞에 선다. 그들이 직접 선택한 청중 앞에서 자신의 작업을 공유한다.

시간이 지날수록 아이들은 창조적 자신감(creative confidence, 사람은 누구나 창의적이며 세상을 변화시킬 능력이 있다는 믿음-옮긴이) 이 상승하고 자신의 작업을 세상과 공유할 때의 힘을 깨닫는다.

어떻게 이런 일을
가능하게 할 수 있는가?

우리는 모든 아이가
타고난 메이커임을 알고 있다.

하지만 기술도 충분치 않고,
시간도 부족하고,
부담되는 시험에 맞춰
정해진 교과과정을 따라야 하는 시스템 안에서
어떻게 이러한 창의성을 풀어낼 수 있을까?

걱정을 내려놓고,
딱 하루만 해보자

그렇다
딱 하루만이다

시험이 끝난 날,
방학식 전날,
또는 아무것도 안 해도 되는 날 같은,
버리는 날 중 하루를 고르면 된다.
이때 시도해볼 수 있는
두 가지 아이디어를 소개하겠다.

메이커대회

메이커대회는 빠른 시제품 만들기에 중점을 둔 단기 프로젝트다. 아이들은 론치 사이클에 따라 빠르게 작업하며 실물로 무언가를 만들 기회를 얻는다. 이 프로젝트는 주로 STEM(과학(Science), 기술(Technology), 공학(Engineering), 수학(Math) 분야의 융합교육-옮긴이) 중심으로 프로젝트를 할 때 활용되지만 다른 과목에서도 충분히 가능하다.

메이커대회는 보통 특정한 문제를 염두에 두고 시작한다. 일례로 나는 애니메이션 시리즈를 만들었다. 그 결과는 나의 웹사이트(videoprompts.com)에서 확인할 수 있다.

메이커대회의 백미는 대회를 잘 치르기 위해서 엄청난 최신 과학기술이 필요치 않다는 데 있다. 포장용 테이프와 종이상자만 갖고도 시작할 수 있는 게 메이커대회다. 시간을 많이 쓸 필요도 없다. 필요한 것은 약간의 상상력과 무언가 새로운 것을 기꺼이 시도해보려는 마음이다.

세계 디자인의 날

몇 년 전, 세계적인 협업 프로젝트를 해보기로 마음먹은 적이 있다. 목표는 단순했다. 온종일 디자인 씽킹을 시도해보는 것이었다. 시험이 끝난 학기말의 하루 중에서 '버려도 되는' 날을 골라 참여를 원하는 교사들을 물색했다. 그 교사들은 실험을 위해 학교 측에 단 하루만 허가 받으면 되었다.

딱 하루였다.

물론 충분한 시간은 아니었다. 교실을 창의성과 놀라움의 요새로 탈바꿈시키는 데 하루라는 시간은 너무 짧았다.

그래도 변화의 불은 붙일 수 있었다.

우리는 교사들이 협업하고, 학생들이 자신의 작업을 전 세계에 공유하는 것을 소셜미디어를 통해 지켜봤다. 8만 5,000명 이상의 아이들이 참여했다. 이들은 여섯 개 대륙에 흩어져 있었지만 굉장한 무언가를 만든다는 공통의 목표로 결속되어 있었다.

참가자의 반 이상은 최신 과학기술을 갖추지 못한 환경에 있었다. 결국 프로젝트를 완성하지 못한 학생도 몇 있었다.

하지만 그건 문제가 되지 않았다. 아이들이 배움을 주도한다는 것이 중요했다. 아이들은 질문을 하고, 아이디어를 냈다. 그리고 무언가를 만들었다.

아이들은 메이커였다.

그건 '세계 디자인의 날' 행사 덕이 아니었다. 디자인 씽킹 덕도 아니었다. 그건 바로 참가 교사들이 창의성에 따르는 위험을 감수할 만큼 대담했고, 학생들이 창작 과정에 대한 주인의식을 가질 수 있도록 임파워링한 덕분이었다.

단 하루의 시도가 학교 차원의 운동으로 발전한 사례도 있다. 교사들은 디자인 씽킹 기법을 통해 모든 학년 수업을 바꾸었고 결국은 학교 전체를 완전히 바꾸었다.

어감상 미묘하긴 한데……

우리는 사실
아이들이
소비하는 사람이
되길 바란다

실제로 소비는 창의성을 위해 필요하다. 무언가를 소비하고, 그러면서 창작의 영감을 받는 지속적인 순환이 종종 일어난다. 요리사는 훌륭한 요리를 즐기고 기타 연주자는 뛰어난 기타 연주를 즐겨 듣는 법이다.

비판적 소비, 영감, 창의적 작업은 지속적인 순환의 구조를 이루고 있다.

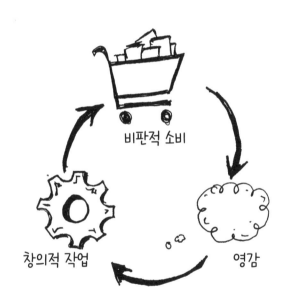

여기서 중요한 요소는 '비판적' 소비다.
그리고 이런 유형의 소비는 주인의식이 있어야 가능하다.

나는 창의성이 내면에서 나온다고 믿었다. 아이디어가 문득 머릿속에서 떠오르면 그것을 토대로 무언가를 만들어낸다고 말이다. 수업시간에 아이들이 과학기술을 창작에 활용하지는 않고 그저 즐기기만 하는 모습을 보면 마음이 답답해지곤 했다. 창조적인 모험을 감행하라고 아이들을 다그치기도 했다.

"뭔가 색다른 것을 만들어봐."

"좀 더 대담해져도 좋아."

"망치더라도 새로운 것을 해봐."

그런데 내 아이가 생기고 나니 생각이 달라졌다. 어린 내 아이들을 보며 창의성이 본래 사회적이란 것을 깨달았다. 아이들의 창의성은 우선 보고 듣고 경험하면서 시작된다. 부모가 하는 것을 보고 따라하는 경우도 많다. 아이들은 좀 더 자라도 비슷한 패턴을 보여주었다. 내 아이들은 굉장히 창의적이었지만, 각자가 인지하고 탐구하고 모방하는 과정을 거쳐 마침내 자신만의 방식을 발견했다.

교실에서 아이들을 관찰하면서도 비슷한 현상을 발견했다. 아이들은 진짜 독창적인 것을 창조하기에 앞서 다른 것을 모방하고 여러 요소에서 따와서 섞는 단계를 거쳤다. 나는 이런 현상을 미술수업, 목공, 글쓰기 워크숍, STEM 실험실에서 보았다.

그리하여 나는 아이들이 소비자에서 창작자로 옮겨갈 때 거치는, 내가 발견한 다음 단계들에 대해 생각해보게 되었다.

1단계:
노출(소극적 소비)

노출, 즉 소극적 소비는 그 첫 단계에 해당한다. 가령 어딘가에서 어떤 노래가 배경음악으로 나오는 것을 들었는데 독특했다. 그로부터 몇 달 후 '그 음악 꽤 괜찮았지'라는 생각을 한다. 어느새 그 음악, 그러니까 '인디음악의 영향을 받은 테크노 스타일의 폴카'를 듣겠다고 생각하게 된다. 물론, 아닐 수도 있다. 어쩌면 내가 언급한 음악이 좋은 예시가 아니었을 수도 있겠다.

위의 예시는 아이들이 주도적으로 선택하는 학습환경이라 하더라도 새로운 아이디어, 새로운 내용, 새로운 경험을 소개하는 것이 여전히 가치 있다는 사실을 상기시켜 준다. 이따금 아이들은 특정 책이나 주제, 심지어 과목에 대해서도 교사나 부모가 소개해줘야만 그것을 접하고 즐기는 경우가 있다.

또 어떤 경우에는 좀 더 직접적으로 노출이 이루어진다. 특정 영화나 연극을 보거나 책을 읽고 푹 빠지는 게 그런 예다. 바로 그때, 두 번째 단계로 나아간다.

2단계:
적극적 소비

적극적 소비 단계에서 아이들은 소비할 대상(미술, 음악, 음식, 시 등 무엇이든지)을 적극적으로 찾아본다. 아직 팬은 아니지만, 특정 스타일의 취향을 발전시키기 시작해 지금 소비하고 있는 대상에 관해 더 깊이 생각하게 되는 단계이다.

이 단계에서 아이들은 심미적 부분에 더 집중할 수도 있고 유용성에 집중할 수도 있다. 다시 말하자면, 소비하는 것을 단순히 즐길 수도 있지만, 실용적 측면에서 유용하다고 생각할 수도 있다. 어느 쪽이든 적극적으로 그것을 찾아본다는 게 이 두 번째 단계의 핵심이다.

임파워링이 구현된 교실이라면 아이들은 이 단계에서 자신이 좋아하는 과목이나 주제를 파고들게 된다. 이 단계에서는 수업을 아이들에게 흥미롭게 만들려고 애쓰기보다는 아이들 자신이 이미 갖고 있는 흥미와 관심사를 이용하는 게 좋다.

3단계:
비판적 소비

비판적 소비 단계에서는 전문가가 되기 시작한다. 어떤 주제에 관해서는 미묘한 차이도 안다. 자신이 소비하고 있는 것을 만들어내기 위해 어떤 기술이 사용되었는지를 이해하기 시작한다. 고품질과 저품질을 구분하는 것도 가능해진다.

임파워링이 구현된 교실에서는 '천재의 시간,' '궁금한 하루', '덕후 블로그'와 같은 대형 프로젝트(12장 참조)를 통해 아이들에게 비판적 소비를 경험할 기회를 줄 수 있다. 아이들이 연구에 적극적으로 참여하거나, 각자 선택한 소설을 조용히 읽게 함으로써 비판적 소비를 활용할 수도 있다. 자신만의 취향이 개발되면서 아이들은 다음 단계로 넘어가기 시작한다.

4단계:
큐레이션하기

전문가가 되면 최고의 작품을 골라서 이에 대한 평가 또는 의견을 내기 시작한다. 수집하고, 정리하고, 분류하며, 이에 대한 비평을 다른 이들과 공유한다. 이 단계에 이르렀다면 팬이며 평론가이다.

큐레이션(curation, 콘텐츠를 목적에 따라 분류하고 새로운 가치를 부여하여 배포하는 일-옮긴이)은 실제로 평생 필요한 핵심적인 사고능력이다. 정보가 넘쳐나는 시대에 큐레이터들은 최고의 자료를 찾아내서 독특한 시각으로 이를 공유한다. 놀랄 것도 없이, 지난 몇 년간 미국에서 가장 인기 있는 블로그는 큐레이션 블로그(예를 들어 Brain Pickings, Farnam Street, FiveThirtyEight)였다. 이들 블로그에서는 아이디어나 데이터, 다른 사람들이 발표한 작업을 조목조목 분석해서 선별하고, 이러한 통찰력을 독특한 방식으로 공유한다.

그러나 여기가 끝이 아니다. 큐레이션 단계를 거치면서 종종
자신만의 것을 만들고자 하는 영감을 얻게 된다.

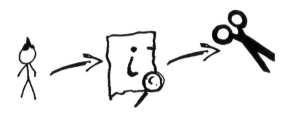

5단계 :
모방하고 변형하기

교사에겐 이 단계가 정말 힘들다. 특정 작품 또는 예술가나
스타일에 관해 전문가 수준으로 발전한 후에도 아이들은 말 그
대로 그것을 복제만 하고 있을 때가 있다. 놀랄 만한 예술적 자질
이 있는 아이가 스케치, 그대로 따라 그리기, 만화나 애니메이션
그리기만 하려고 한다. 다리 건축물에 푹 빠져있는 아이는 그것
과 똑같은 다리 모형을 만들고 싶어 한다. 요리에 빠진 아이는 정
해진 조리법만 따를 뿐 그것에서 벗어나보려는 시도는 절대 하지
않는다.

그러다가 무언가 변하기 시작한다. 한 걸음 나아가 모방 작업
에 변화를 준다. 갑자기 그 작업은 단순히 무언가를 모방하는 게
아니라 새로운 작업의 원형이 된다.

임파워링이 제대로 구현된 교실에서 우리는 아이들이 표절 (plagiarism)과 영감(inspiration)을 구별하도록 도울 수 있다. 처음에는 남의 작품을 그대로 이용하는 법을 알려준다. 그러나 점차 창의적 위험을 감수하고 남의 작품을 변형해서 새로운 작업을 하도록 도와야 한다. 저작권이나 공정 이용(fair use, 저작권 침해가 되지 않는 기준과 범위 내에서 이용하는 것-옮긴이)에 대한 개념도 반드시 알려줘야 한다. 그러나 이를 징벌로서가 아니라 학습 경험으로서 소개해야 한다.

시간이 지나면서 아이들은 다양한 원천을 통해 영감을 찾기 시작한다. 그리고 이를 통해 다음 단계로 진입하게 된다.

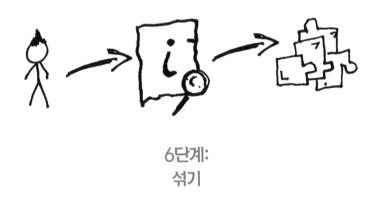

6단계:
섞기

이 단계의 작업은 콜라주(collage, 관계없는 것을 짜 맞추어 예술화하는 화법의 일종-옮긴이)처럼 보이기도 한다. 아이들은 자신이 큐레이팅한 여러 작품의 다양한 요소를 합쳐서 무언가 새로운 것을 만든다. 이 단계는 언뜻 보기에는 그다지 창의적으로 보이지 않을 수도 있다. 하지만 유튜브에서 '섞은 노래들(mash-up songs)'을 한번 찾아보면 이 '섞기 문화'의 폭넓은 창의성을 금방 엿볼 수 있을 것이다.

때로는 팬픽션(fan fiction, 웹툰, 드라마, 영화, 소설 등 인기 작품의 팬들이 원작을 자신의 뜻대로 변형해 재창작한 작품-옮긴이)처럼 보일 수도 있다. 예를 들어 호그와트(Hogwarts, 『해리포터(Harry Potter)』시리즈에 나오는 마법학교-옮긴이)와 관련된 것이라면 무엇이든 좋아하는 아이는 해리포터의 엄마가 그 학교에 다닐 때의 이야기를 쓸 수도 있다.

이런 식으로 작은 영감이 한 아이의 새로운 작업에 상상력을 제공하는 출발점이 된다.

어떤 분야에서 얻은 아이디어를 새로운 맥락에 적용하는 식의 섞기도 일어난다. 이런 경우 놀랍도록 창의적으로 보일 수 있다. 섞기 단계가 '속이기(cheat)'처럼 보인다면 이 사실을 기억해야 한다.

'모든 위대한 아이디어는 우리에게 영감을 준 여러 요소를 섞은 것이다.'

당신이 좋아하는 밴드의 음악이 그 밴드가 좋아하는 몇몇 다른 밴드의 음악과 비슷한 것은 우연의 일치가 아니다.

7단계:
무(無)에서 창조하기

이전의 단계들에서도 실제로 상당한 창의성을 발휘해야 했음을 기억하자. 하지만 이번 단계에서 아이들은 무에서부터 온전히 새로운 것을 창조해야 한다.

여기는 아이들이 가장 큰 위험을 감수하며 순전히 독창적인 무언가를 만들기 시작하는 단계이다. 앞의 6단계까지를 거치며 영감을 받은 아이디어를 이용하는 한편, 자신만의 목소리를 찾아야 한다. 의미 있는 위험을 감수할 수 있는 수준으로 자신감을 기르는 단계이기도 하다.

사람에 따라서 몇몇 단계를 건너뛰는 경우도 있다. 소설에 푹 빠진 사람은 모방하는 단계(5단계)를 건너뛰고 바로 팬픽션을 쓰기도 한다. 반면에 나는 거의 항상 섞기 단계(6단계)를 건너뛰는데, 특정 스타일을 모방하고 나서 바로 나 자신의 목소리를 찾는 단계로 넘어가는 것을 선호하기 때문이다.

지금까지 소개한 단계들은 공식이라기보다는 창의성으로 향하는 여정에서 사람들이 나타내는 일반적인 경향이다.

토론해봅시다

Q1 어째서 수많은 학생들이 창작자가 되기보다는 소비자에 머무르는 걸까요? 여기에는 어떤 사회·문화적 힘이 작용하고 있을까요?

Q2 학생들이 창작의 과정을 주도하는 것이 왜 중요한가요?

Q3 예컨대, 디자인 씽킹과 같은 프로세스에서 교사들이 제공해야 할 지원의 유형으로는 무엇이 있을까요? 느린학습자, 특수교육학생에 대해 생각해봅시다.

Q4 비판적 소비가 창의성을 이끌어낸다는 아이디어에 대해 어떻게 생각하세요?

8장

평가도
자기주도적으로

평가는 재미있어야 한다. 농담이 아니라 정말 그래야 한다.
이제 아이들은 평가를 지긋지긋한 것으로 보지 않고
자신의 발전을 위한 유용한 도구로 보기 시작한다.

다른 사람의 평가를 받는 것에서
스스로 평가하는 것으로의
전환

농구장, 스케이트장, 암벽등반 연습장 등에 가보면 분명 뭔가 빠진 것처럼 우리 눈에 안 보이는 뭔가가 있다. 바로 '평가'다. 아이들 여럿이 각자의 기기를 갖고 모여 앉아 마인크래프트(Minecraft, 온라인 게임의 한 종류-옮긴이)를 하며 공유세계를 만들 때, 또 새로운 조리법을 시험해보려고 부엌을 어슬렁거리거나 루빅스 큐브(Rubix cube, 퍼즐의 일종. 작은 여러 개의 정육면체가 모여 만들어진 하나의 큰 정육면체로, 이리저리 돌려 흩어진 각 면의 색깔을 같은 색깔로 맞춰야 함-옮긴이)를 맞추려고 할 때도 마찬가지다.

평가는 모든 곳에 존재한다.

그런데 안 보인다고 느끼는 이유는 많은 경우 평가는 명사가 아니라 동사에 가깝기 때문이다. 말하자면, 평가는 우리가 하는 행위 속에 있는 것이지 물건처럼 주고받는 게 아니어서 그렇다.

스케이트보드로 알리(ollie, 한국에서는 '올리'라고 불리기도 하는 기술로, 스케이트보드의 뒷부분을 한 발로 차면서 다른 한 발로는 보드의 앞부분을 끌어올려 보드 전체를 공중에 띄워 올리는 동작-옮긴이)를 하는 도중에 멈추고 평가를 받는 사람은 없다.

평가는 사실 그 동작에 들어있다. 알리 동작을 하면서 부딪쳤는지의 여부를 평가할 수 있는 것이다. 마인크래프트 게임을 하는 도중에 각자 어떤 역할을 하고 있는지를 평가하기 위해 게임을 멈추고 채점기준표에 따라 점수를 매기거나 성과의 유형을 따져 묻지는 않는다. 그러나 게임을 하는 동안 계속해서 서로에게 피드백을 주고 각자 자신의 발전 과정을 평가하고 있다.

채점기준표를 사용하는 것이 잘못된 것은 아니다. 스케이트 선수들은 대회에 나가면 채점기준표를 사용한다. 시험을 보는 것이 잘못된 것도 아니다. 큐브 맞추기 대회는 시간 제한이 있는 시험이다. 점수를 주거나 측정기준을 이용하는 것도 잘못된 게 아니다. 공식적인 평가가 없는 마인크래프트 게임을 하는 데도 굳이 게임 과정을 동영상으로 올려 조회 수와 '좋아요' 수로 평가를 받으려는 아이들이 있지 않은가.

평가의 유형이 좋으냐 나쁘냐의 문제가 아니다.

마인크래프트 게임을 하든 스케이트보드를 타든 아이들이 자신의 배움에 주인의식을 갖고 있는 어디에서나 평가는 일어나고 있다.

아이들이
평가의 과정을 주도하며
주인의식을 가졌을 때 하는 평가만이
진짜 평가이다

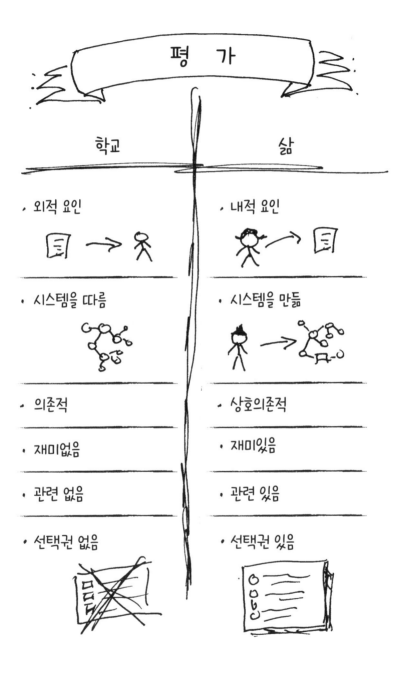

평 가

학교	삶
• 외적 요인	• 내적 요인
• 시스템을 따름	• 시스템을 만듦
• 의존적	• 상호의존적
• 재미없음	• 재미있음
• 관련 없음	• 관련 있음
• 선택권 없음	• 선택권 있음

평가를 우리 삶과 좀 더 비슷하게, 학교에서의 평가와는 덜 비슷하게 만들려면 어떻게 해야 하는가?

답은 주인의식에 숨어있다.

평가 과정을 주도하며 주인의식을 갖게 되면 아이들은 다음과 같은 것들을 스스로 알아낼 수 있다.

- 이미 알고 있는 것(선행지식)
- 모르고 있는 것(향상할 영역)
- 숙달하기를 원하는 것(목표)
- 향상하기 위해 해야 할 것(활동 계획)

임파워링이 구현된 학습환경에서는 아이들이 목표를 설정하고 자신의 발전 과정을 모니터한다. 또 특정한 결과를 위해 어떤 평가 유형을 사용할지 결정할 수 있다. 이들은 평가를 지긋지긋한 것으로 보지 않고 학습 주기(learning cycle)에서 거쳐가는 필수 요소로 받아들인다. 즉, 평가는 자신이 발전하기 위해 사용하는 유용한 도구가 된다.

평가에서의 주인의식은 어떤 모습인가?

아이들이 배움에 대해 주인의식을 갖도록 하기 위해서는 교사 주도 평가에서 학생 주도 평가로 전환해야 한다. 그러나 이것은 단순히 아이들 스스로 자신의 학업을 늘 평가한다는 의미가 아니다. 오히려 학생 자신은 물론 또래나 교사와의 협력도 필요하다. 평가가 이렇게 이루어지면 아이들은 의존적인(또는 독립적인) 존재에서 상호의존적인 존재로 변모한다.

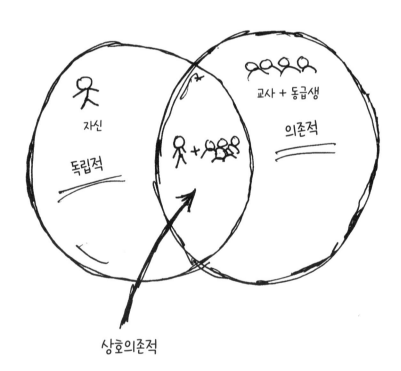

자기평가

　자기평가에 적극적으로 임하면 아이들은 자신의 발전 과정을 제대로 보기 시작한다. 현재 자신의 실력 수준을 더욱 정확히 보며, 향상하기 위해 무엇을 해야 할지 더 잘 알게 된다. 아이들은 자신의 발전 과정을 관찰하고 지금 하는 활동을 수정하면서 학습에서 평가가 필수적인 역할을 한다는 사실을 알게 된다.

　또 다른 일도 일어난다.

　자기평가를 하면서 아이들은 배움의 주체로서 온전히 서게 된다. 학업적 성공을 거두었을 때 그것을 교사 덕분이라거나 운이 좋아 일어난 일로 여기지 않고, 스스로 노력해서 이뤄낸 결과로 본다.

　아이들은 그렇게 해서 더욱 자기주도적이고 독립적으로 성장한다.

　믿기 어렵다면, 가장 최근에 여러분이 학교 밖에서 새로 익힌 스킬 한 가지를 떠올려보라. 점수 받기를 기다렸는가, 아니면 발전 과정을 스스로 평가하고 그 결과를 보며 학습 과정을 수정했는가? 자신이 어떻게 하고 있는지 인식하고 있었는가? 더 향상되기 위해 무엇을 할 필요가 있는지 스스로 통제하고 있다고 느꼈는가?

　아이들도 이렇게 해야 한다.

　아이들이 자신의 학습을 평가할 수 있는 몇 가지 방법은 다음과 같다.

발전 과정을 그래프로 만들기

아이들이 자신의 학습데이터를 모아서 그래프로 그려보고 분석하도록 한다. 막대그래프, 선그래프, 원그래프, 무엇이든 괜찮다. 데이터가 반드시 정식 시험 결과일 필요는 없다. 읽은 페이지 수, 분당 읽은 단어 수, 프로젝트를 하면서 완료한 과제 등도 포함할 수 있다. 단, 이때 데이터는 실제 존재하는 것으로서 아이들과 직접 관련된 것이어야 한다. 아이들은 데이터의 의미는 물론이고 이를 분석하는 이유를 알아야 한다. 그래야만 그 차갑고 딱딱한 숫자가 인간적으로 받아들여지기 시작한다.

목표 기록하기

아이들이 자신의 목표를 세우도록 한다. 양적 목표여도 좋고, 질적 목표여도 좋다. 그리고 자신의 발전 과정을 기록하게 한다. 그래프나 진행표시줄(progress bar)을 그리거나 그 과정을 간단히 적어둘 수도 있다.

자기성찰

아이들은 현재 배우고 있는 것, 어려움을 느끼는 부분, 다음에 해야 할 것들에 관한 성찰적 질문에 답한다. 구체적이고 명확한 질문도 있어야 하겠지만 광범위하고 추상적인 질문도 괜찮다.

자기성찰을 하면 아이들의 메타인지(metacognition, 자신의 인지 과정에 대해 한 차원 높은 시각에서 관찰, 발견, 통제하는 정신작용-옮긴이)가 향상된다. 결과적으로 아이들은 자신이 어디로 가고 있는지 더 잘 알게 된다.

설문조사

간혹 아이들은 개방형(open-ended, 단답형이 아닌 다양한 답변이 가능한 형태-옮긴이) 자기성찰 질문에 답하는 것을 어려워한다. 이런 질문이 너무 추상적이고 주관적이라고 생각할 수 있는데, 설문  조사를 이용하면 객관적이고 주관적인 질문을 섞어서 제공할 수 있다.

목록에서 특정 단어를 선택하게 하거나 항목별 순위를 매기는 등의 리커트 척도(Likert scale, 사회과학에서 널리 사용되는 평정 척도로서 특정 대상에 대한 신념이나 태도를 보여주며 5점 척도가 가장 일반적으로 사용됨-옮긴이)를 이용할 수 있다. 이렇게 몇 가지 형식을 활용해 아이들이 추상적이라고 느낄 수 있는 부분도 이해하게 돕는다.

자기평가 채점기준표

다양한 범주 아래 명확하고 구체적인 설명이 붙은 채점기준표가 있으면 아이들은 초기 단계에서 숙련 단계까지 자신의 발전 과정을 볼 수 있다. 현재 진행 상황을 정확히 보게 되는 동시에 앞으로의 도달 목표에 대한 명확한 그림도 그릴 수 있다.

채점기준표를 이용하면 아이들은 자신의 작업을 범주화해서 생각하고 진전 상황을 볼 수 있게 된다. 채점기준표를 갖고 스스로 평가하면 그 과정에서 학습에 대한 주인의식도 커지며, 교사의 피드백에 대한 의존성도 없어진다.

체크리스트

체크리스트는 아이들이 과업 시작 전, 진행 중, 완료 후에 사용할 수 있는 강력한 검사 도구이다. 조종사, 의사, 엔지니어 모두 그들의 작업이 특정 기준을 만족했는지 측정하는 방법으로 체크리스트를 이용한다. 간단해 보일 수 있지만, 사실 체크리스트는 인생을 바꿀 만한 도구이다. 가끔은 단순한 실수가 재난과도 같은 결과를 초래하기도 한다.

아툴 가완디(Atul Gawande)는 『체크! 체크리스트: 완벽한 사람은 마지막 2분이 다르다(Checklist Manifesto: How to Get Things Right)』에서 다음과 같이 강조했다.

> 현대생활의 한 가지 본질적 특징은 우리 모두 사람이나 과학기술 또는 둘을 합쳐 만든 집합체인 시스템에 의존한다는 것이다. 그리고 우리가 겪는 가장 커다란 어려움 가운데 하나는 그 시스템이 잘 작동하도록 하는 것이다.

체크리스트를 쓰면 아이들은 시스템을 이해하는 법을 배운다. 프로젝트 경과를 측정하고, 시제품을 평가하고, 과정을 이해하기 위해 체크리스트를 이용할 수 있다. 그런데 더 좋은 것은, 수업에서 결정한 기준에 따라 아이들이 자기만의 체크리스트를 만들도록 도와줄 수 있다는 점이다.

동료평가

자기평가를 하다 보면 가끔 중요한 부분들을 놓치기도 한다. 혼자서는 이런 사각지대를 알아채기 힘들다. 사각지대가 그래서 사각지대 아니겠는가. 바로 이럴 때 동료평가를 도입하면 새로운 시각으로 볼 수 있게 된다.

혁신적인 회사 몇몇은 동료평가를 한다. 픽사(Pixar)는 브레인트러스트(brain trust, 내부 전문가들이 한자리에 모여 새로운 작품의 초안을 함께 감상한 후 자신의 의견을 자유롭게 내는 자문조직을 의미. 일반적으로는 정부나 기업의 각 전문 분야에 대한 자문집단 혹은 두뇌집단을 의미-옮긴이) 시스템이 있어서 누구나 아이디어를 내고 작업을 공유하고 피드백을 요청한다. 그 자리에 참석한 누구나 비판할 자유가 있고, 실제로 자주 그렇게 한다.

가혹하게 들릴 수도 있다. 하지만 이 시스템이 픽사에서는 통했다. 브레인트러스트는 픽사 내에서 서로를 지지하는 공동체로서 작용하기 때문이다.

신뢰와 투명성이 존재하는 상황에서 비판적 피드백이 주어지면 창의적인 생각이 더 많이 도출될 수 있다.

픽사의 공동창업자인 에드윈 캣멀(Edwin Catmull)은 이렇게 말했다.

우리는 어떤 아이디어, 즉 영화가 될 아이디어는 가혹한 비판과 평가를 거칠 때 비로소 위대해진다고 믿는다.

또래의 피드백은 아이들에게 필수적이다. 반 친구들이 교사보다 훨씬 더 친근한 방식으로 자기 생각을 나누는 경우가 많다.

하지만 쉽지만은 않다. 첫 번째 어려운 점은 우리 모두가 시간의 압박을 받는다는 점이다. 또래 피드백 활동에 수업시간 전체를 쓸 수는 없다. 두 번째 어려운 점은 형식적 문제다. 아이들이 그냥 어깨를 으쓱하며 "나는 좋아 보이는데."라고만 말할 때가 있다.

그래서 지금부터 동료평가에서 사용할 수 있는, 더 짧게 진행가능하고 효과적인 피드백 방법을 정리해 소개하려고 한다.

피드백을 구하는 겸손한 태도는 임파워링의 한 형태이다.

10분 피드백 시스템

학생이 자신의 작업 내용을 발표하거나 아이디어를 내고, 다른 아이들은 주의 깊게 듣는다. 발표가 끝나면 이해를 명확히 하기 위한 질문을 던지고, 피드백을 받고, 피드백에 답변하고, 다음 단계를 계획한다. 단계별로 2~3분 정도 소요된다. 너무 빠르게 진행된다고 느낄 수 있지만 의도한 형식에 맞춰 시간을 사용하므로 실제로는 시간이 충분할 것이다.

시간	설명	학생 A	학생 B
0-2분	문제 제기 아이디어 제안	아이디어, 계획, 제품을 설명한다	주의 깊게 듣는다
2-4분	명확하게 하기	명확한 이해를 위한 질문에 답한다	명확한 이해를 위한 질문을 한다
4-6분	피드백	피드백을 도중에 끊지 않고 끝까지 듣는다	구체적이고 비판적이며 긍정적인 피드백을 제공한다
6-8분	자기 말로 바꿔서 말하기	들은 것을 자기 말로 바꿔서 말해본다	듣고 명확히 정리한다
8-10분	다음 단계	다음 단계에 할 것을 만든다	다음 단계로 넘어가는 것을 돕는다

구조화된 피드백

누군가에게서 훌륭한 피드백을 받았던 가장 최근 경험을 떠올려보자. 그것은 채점기준표나 체크리스트에 기반하지 않은 진정성 있고 세세한 피드백일 가능성이 크다. 그리고 아마도 대화를 통해 그런 피드백을 받았을 것이다.

구조화된 피드백도 이와 같은 생각에서 출발했다. 아이들이 이 피드백을 사용하도록 하기 위해서 교사는 문장의 일부를 제시한다. 아이들은 문제점을 진단하거나, 불분명한 부분을 확인하거나, 비판적인 피드백을 주기 위해 주어진 문장을 이용할 수 있다.

구조화된 피드백은 어떤 식의 언어표현을 써야 할지 도움을 받으며 아이들 스스로 평가 과정에서 주인의식을 갖도록 할 수 있는 강력한 방법이다.

3-2-1 형식

간단하다. 아이들이 또래의 작업 내용이나 의견에 대해 강점 3가지, 개선이 필요한 부분 2가지, 그리고 질문 1가지를 피드백으로 준다.

교사 평가

교사의 역할은 여전히 필수적이다.

자기평가와 동료평가 두 가지 모두 아이들이 학습에 대한 주인의식을 갖게 하는 데 필수적이지만, 교사에게서 받는 피드백에도 그만한 가치가 있다. 아이들에게는 이따금 전문가의 명확한 피드백이 필요하다. 하지만 교사가 주도하는 평가 중에도 아이들에게 임파워링할 수 있다. 그중 한 가지 방법은 일대일 면담이다.

일대일 면담

개념은 간단하다. 매 수업시간 3~5회의 간단한 일대일 면담을 계획한다. 면담은 한 번에 5분 정도 진행한다. 이렇게 하면 보통 한 아이를 2주에 한 번 꼴로 개별 면담할 수 있다.

이때 교사는 안내자의 역할을 해야 가장 효과적이다. 즉, 아이들이 주도적으로 자신의 작업과 관련한 질문을 하거나, 작업 결과물과 작업 과정 양쪽을 성찰할 수 있도록 한다. 그러면 아이들 스스로 자신이 어떻게 작업을 하고 있는지, 개선하는 데 필요한 것이 무엇인지 탐색할 수 있게 된다. 이렇게 되면 평가는 교사 주도의 일방적 전달에서 서로 주고받는 대화로 바뀐다.

다음은 아이들과 사용할 수 있는 세 가지 면담 유형이다.

1. 조언을 위한 면담

이 방법은 아이들이 적극적으로 조언을 구하도록 북돋운다. 아이들이 특정 스킬을 미처 배우지 못해 어려워하고 있는 상황에서 사용할 수 있는 방법으로, 아이들은 어려움을 겪는 부분에 대해 여러 가지 질문을 교사에게 할 수 있다. 교사의 일대일 집중관리는 물론, 전략적이고 확실한 도움을 받을 기회이다. 아이들은 전문 지식을 가진 교사의 도움을 받으며 면담 과정을 이끌어간다. 실수 또한 학습 과정의 일부라는 생각을 갖도록 격려해도 좋다.

2. 성찰을 위한 면담

이 방법은 아이들이 자신의 학습을 성찰하도록 북돋운다. 아이들에게 무엇을 하라고 말하는 대신 지금껏 해온 일을 돌아보도록 이끄는 것이 이 면담의 목표다. 교사는 성찰용 질문 여러 개를 사용해 아이들이 메타인지 과정을 거쳐 각자의 목표를 정하고 관찰하도록 이끈다. 1년 단위 수업이 진행되는 동안 후속 질문을 점점 줄여가는 것이 좋다. 그러면 아이들은 교사가 미리 골라서 던지는 질문의 도움 없이도 각자 어떻게 학습을 진행하고 있는지를 공유하기 시작한다.

3. 숙달을 위한 면담

성찰 면담과 달리 이 면담에서는 학습 과정을 돌아보는 것은 줄이고 배운 내용을 얼마나 숙달했는지 아이들 스스로 판단해보는 것에 집중한다.

아이들이 결정하도록 하라

처음 자기평가, 동료평가, 일대일 면담을 사용하기 시작했을 때는 교사인 내가 그 형식을 선택하고 학급의 모든 아이들이 이를 사용하도록 요구하곤 했다. 하지만 시간이 지날수록 내가 아니라 아이들 각자 원하는 형식을 직접 고르도록 하면, 아이들이 이를 더 유의미한 방법으로 사용한다는 것을 깨달았다.

그래서 글쓰기 워크숍을 진행할 때 아이들 스스로 평가 유형을 고르도록 선택권을 줬다. 그러자 어떤 아이들은 10분 동료 피드백을 사용했고, 또 어떤 아이들은 자기평가를 위한 체크리스트를 사용했다. 처음에는 이런 상황이 혼란스럽게 느껴졌지만, 이를 통해 아이들이 평가 방법뿐 아니라 평가가 언제 필요한지, 어떤 유형의 평가가 자신에게 가장 효과적인지를 알아가고 있음을 깨달았다.

토론해봅시다

Q1 평가가 '실제적'이라는 것은 무엇을 뜻합니까? '참 평가(authentic assessment)'라는 용어가 실제로 의미하는 것은 무엇일까요?

Q2 각자 자신에게 효과적이었던 '학생 중심 평가 프로세스'가 있다면 그 전략과 팁을 공유해주세요.

9장

'실패'에서 '실패하기'로의 전환

우리의 학습 이야기에는
'실패'가 아닌 '실패하기'가 반드시 들어가야 한다.
그리고 이 둘 사이에는 큰 차이가 있다.

실패(failure)에서
실패하기(failing)로의
전환

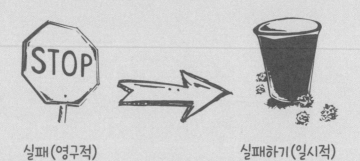

실패(영구적)   실패하기(일시적)

나와 우리 딸 사이에 있었던 일이다.

아이가 축 처진 눈으로 나를 보며 말했다.

"못하겠어요."

나는 아이에게 다시 한번 보드에 한 발을 올려보라고 했다. 그리고 다른 발을 굴러 땅을 찬 다음, 보드가 앞으로 나가면 그때 두 발 모두 보드 위로 올리면 된다고 말했다. 하지만 아이는 스케이트보드 타는 법을 배우려고 애쓰다가 짜증 난 전형적인 여섯 살짜리 아이답게 굴었다.

"싫어요. 더는 안 할 거예요. 아빠가 밀어주면 안 돼요?"

아이를 보드 위에 서게 하고 내가 밀어서 출발시키는 게 차라리 쉽긴 하다. 하지만 이미 한 번 그렇게 해준 데다가, 몸소 시범을 보이다가 거의 넘어질 뻔하면서 보드 타기로 한바탕 법석을 떨고 난 뒤였다. 그러니 진짜 보드 타는 법을 배우고 싶으면 이제는 아이가 계속 노력해야 하는 상황이었다.

"안 돼."

나는 아이에게 단호하게 말하고 다시 시도해보라고 했다. 이번에는 발로 잘 미는 데 집중해서, 밀던 발을 보드에 올린 다음에도 보드가 계속 앞으로 나갈 수 있게 해보자고 했다.

아이는 딱 봐도 화가 나 있었다. 내가 도와줄 수 있다는 걸 알고 있었던 것이다. 하지만 아이는 더 큰 그림을 보지 못했다. 혼자서 시도해봐야만, 그리고 실패해봐야만 내 도움 없이도 스케이트보드를 탈 수 있게 된다는 것을 깨닫지 못했다.

'실패'라는 용어의 문제점

우리는 이런 상황을 염두에 두기 때문에 학교에서도 '실패가 필요하다'고 쉽게 말한다. 실제로 우리는 뭔가를 시도하고, 뭔가 잘 안되는 상황을 겪고, 그러다 일을 망치고, 그리고 나서 또 다른 것을 시도하기를 반복하니 말이다.

하지만 『혁신가의 교육법(The Innovator's Mindset)』의 저자 조지 쿠로스(George Couros)가 그의 블로그에서 지적했듯이 실패는 생각만큼 긍정적으로 받아들여지지 않는다.

교육자들이 '실패'에 관해 이야기할 때 그 말의 의미를 나는 충분히 이해하며 내 생각도 그들의 생각과 정확히 일치한다. '실패를 허용해야 한다'고 말하면 일반인들은 교사가 학교에서 실제로 애써 하고 있는 일이 무엇인지 잘 모른 채 오해를 하게 된다. 하지만 내가 아는 교육자 중 그 말을 옹호하는 이들 대부분이 사실은 '실패하지 않기 위해' 온 힘을 다한다. 교사들은 무슨 수를 써서라도 학생들에게 '회복탄력성(resilience)'과 '그릿(grit, 실패에 좌절하지 않고 자신이 성취하고자 하는 목표를 향해 꾸준히 정진할 수 있는 능력-옮긴이)'을 심어주려고 애쓴다. 넘어지고 좌절하는 때가 있을까? 당연하다. 하지만 '좌절하기'로 끝나서는 안 된다. 아이들이 다시 일어설 수 있도록 하는 방법이 중요하다. 바로 이런 이야기를 공유할 필요가 있다.

미국의 스타트업(startup)과 혁신기업의 최근 문화는 실패를 수용하고 이에 관해 자유롭게 이야기하는 것이라고 알고 있는데, 나는 이 현상을 이해할 수 있다.

우리가 진정 원하는 것은 아이들이 실패하는 게 아니라, 조지 쿠로스가 지적한 대로 아이들이 실패를 극복하고 일어나서 다시 시도하는 것이다. 우리는 아이들이 실패를 통해 배운 것을 바탕으로 수정하고 그 과정을 반복하며 나아가길 바라는데 이 모든 게 진짜 성공에 이르는 길이기 때문이다.

나는 강연을 할 때 실패와 실패하기의 차이를 보여주기 위해 스케이트보드에서 35번이나 떨어지면서도 계속 스케이트보드 타기를 시도하는 한 남자의 동영상을 종종 사용한다. 그 남자는 실패해도 포기하지 않는다. 시도하기를 멈추지 않는다. 매번 실패를 통해 배우며 성공에 점점 더 가까워질 때까지 반복하여 시도한다.

'실패(failure)'라는 말은
어떤 결말을 내포하고 있다

그에 반해 '실패하기(failing)'는
전부 과정에 관한 것이다

사실 우리는
아이들이 실패하기를 원치 않는다
반복을 통해 성공하기를 원한다

실패하기에 관한 모든 것

나와 짧은 대화를 주고받은 후 아이는 스케이트보드 위에 올라 집 앞 작은 도로에 나섰다. 아이는 두 발을 보드 위에 올려두고 있는 상태였고 보드의 속도는 빨랐다. 그리고 그 상태에서 보드를 멈추려고 하다가 마치 영화의 한 장면처럼 보드 뒤쪽으로 날아서 떨어졌다.

나는 보드에서 떨어진 건 언급하지 않고 도전 자체를 높이 평가하려고 했다.

"보드에 두 발 다 올린 거 정말 잘했어."

하지만 작전은 통하지 않았다. 아이는 화를 내며, 떨어진 게 나 때문이라고 원망했다. 어느 정도 사실이기도 했다. 그런데 바로 다음 날, 아이는 다시 스케이트보드를 탔다. 이번에는 멈추는 법을 배우기 위해서였다.

이처럼 학습은 전염성이 있다. 아이들에게 학습의 전체 과정을 경험하게 하고, 최선의 방법으로 그들을 지지할 수 있다면 '실패하기'는 나쁘지 않다.

반면 '실패'에는 학습에 전염성을 부여하는 불굴의 의지, 회복탄력성, 할 수 있다는 태도가 들어있지 않다. '실패하기'라는 말은 학습을 학습자의 시선에서 바라볼 수 있게 해준다. 단, 성공으로 가는 길에서 '실패하기'를 반복하더라도 결코 '실패'로 귀결되게 해서는 안 된다는 것을 명심해야 한다.

토론해봅시다

Q1 학생들이 지나치게 위험을 기피하지 않도록 교사가 실행할 수 있는 전략으로는 무엇이 있을까요?

Q2 최고의 성취를 이룬 사람들 중에는 실수를 피하기 위해 극도로 노력하는 경우가 종종 있습니다. 이러한 장애물, 즉 실수나 실패에 대한 두려움을 극복하도록 어떻게 도울 수 있을까요?

10장

유연한 시스템 만들기

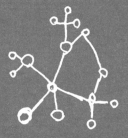

평균인 아이는 아무도 없다.
평균을 대상으로 수업을 하면
어느 누구에게도 맞지 않는다는 걸 발견하게 된다.

층위별 시스템에서
조정 가능한 시스템으로의
전환

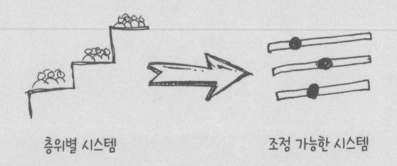

층위별 시스템   조정 가능한 시스템

제2차 세계대전 당시 미국은 공군 조종사들의 높은 사망률 문제로 골머리를 앓았다. 조종사 훈련에 문제가 있거나 더 빠른 비행기에 조종사가 적응을 못해서일 거라고 추측했다. 어쨌거나 조종사들에게 본질적인 문제가 있을 것이라는 추측에 기반하여 가능한 모든 가능성을 열어두고 해결 방안에 대한 연구를 지속했다. 하지만 어떤 것을 시도해도 문제해결을 위한 실마리는 전혀 찾을 수 없었다.

결국은 전체 조종사를 검사하고 나서야 단 한 명도 '평균'인 사람이 없다는 게 문제라는 결론에 도달했다. 4,000명 이상의 조종사 중에서 '평균'의 정의에 맞는 사람은 단 한 명도 찾을 수 없었던 것이다. '평균 남성'의 체격조건에 거의 근접한 조종사들이 있긴 했지만 극소수였다.

평균은 복잡한 대량의 데이터를 더 간단히 보이게 만들려는 환상이며, 이 사회가 과학적이고 수학적인 진실로 받아들인 인간의 발명품이었음이 드러나는 순간이었다.

이러한 결론이 공개되자 공군 전체는 충격에 빠졌다.

조종사들의 높은 사망률이 조종사 탓도, 비행기 탓도, 조종사들이 받는 훈련 탓도 아니었던 것이다. 특정 신체치수에만 맞게 제작한 조종석에 신체조건이 다양한 조종사들을 맞추려고 한 것이 진짜 문제였다.

새로운 접근법을 찾아야 했다.

조종사 각자에게 맞는 조종석을 디자인해야 할까? 만일 그렇다면 그 비용을 어떻게 감당할 것인가? 조종사가 은퇴하거나 사망하면 어떻게 할 것인가? 그 비행기는 갑자기 쓸모없게 되는 게 아닐까?

다른 아이디어도 있었다.

평균 신체조건에 맞춰 제작된 조종석에 탈 수 있는 조종사만 선발하는 것이었다. 하지만 이 역시 비현실적이었다. 전쟁에 대비하자면 전투를 가장 잘할 수 있는 유능한 조종사가 필요하기 때문이다.

마침내 해결책에 도달했다.

여러 가지를 조정할 수 있게 만들어라.

바로 그거였다.

헬멧 끈을 조정할 수 있게 만들어라. 페달도 조정할 수 있게 만들어라. 조종석 의자 또한 조정할 수 있게 만들어라. 이처럼 유연한 디자인 아이디어를 수용하자 갑자기 사망률이 뚝 떨어졌다.

공군은 '평균'이라는 허상의 아이디어에 사람을 맞춰야 한다는 생각을 버렸다. 사람을 시스템에 맞추려 하는 대신 자유롭게 조정할 수 있도록 시스템 안에 유연성을 구현했다. 그리고 그게 통했다. 그래서 오늘날 조종사들은 각자의 필요에 따라 조종석을 조정할 수 있게 되었다.

미 공군의 원래 시스템은 평균이란 개념에 근거해 세워졌다. 평균이 쓸모없는 건 아니다. 하지만 모든 사람에게 적용할 시스템이나 형식을 디자인할 때 평균 개념을 자주 사용하면 문제가 된다. 개인의 지식, 스킬, 능력을 평가하기 위해 평균 개념을 사용하면 더욱 큰 문제가 된다. 학교에서는 이런 일이 항상 일어난다. 위 사례의 전체 이야기는 토드 로즈(Todd Rose)의 TED 강연, 〈평균이라는 허상(The Myth of Average)〉에서 볼 수 있다.

모든 것이 평균이다?

학교에서는 평균 개념을 적극적으로 이용한다. 성적을 매기기 위해 모든 과제의 점수를 평균화한다. 학생들의 수행평가 점수를 평균 내서 분포곡선을 만들고 이를 그래프로 나타낸다.

교사들은 어느 아이에게 개입(intervention) 프로그램이 필요한지 알기 위해 표준화시험을 실시하고 그 점수로 도표와 그래프를 만들어 회의에 참석한다. 유치원에서 고등학교에 이르기까지 교육현장에서 많이 활용되는 RTI(Response To Intervention, 개입반응접근법. 학습장애 가능성이 있는 학생에게 조기에 개입해서 좀 더 강력한 교수법을 시행하는 접근법-옮긴이), PLC(Professional

Learning Community, 교사학습공동체, 모든 학생이 배울 수 있다는 신념을 갖고 과목별 전문성을 가진 교사들이 교육과정과 그에 따른 교육 방법 및 교구 등을 연구하는 모임-옮긴이) 등의 프로그램에서도 도표와 그래프는 중요한 요소이다.

그런데 이 평균이란 개념이 교과목 담당 교사들에게는 굉장히 모호하게 느껴질 수 있다. 평균인 아이는 과연 무엇을 알아야 하는가? 평균인 아이가 이것을 배우려면 시간이 얼마나 걸릴 것인가? 이 프로젝트를 해내려면 평균인 아이는 얼마나 많은 작업을 해야 하는가?

여기서 문제는, 우리가 가르치는 아이들 중에 '평균'인 아이가 없다는 데 있다.

'평균'인 아이는 아무도 없다.

평균인 조종사가 없었듯이 평균인 아이도 없다. 평균을 대상으로 수업을 하면 그 교수법이 어느 누구에게도 맞지 않는다는 걸 발견하게 된다.

'정해진 시간 안에 과제 마치기'를 예로 들어보자. 아이들에게 15분을 주고 한 가지 과제를 하게 해보면, 어떤 아이들은 앞서 나가고 어떤 아이들은 뒤처진다. 이 순간 '평균' 개념에 들어맞는 아이는 아무도 없다. 지루해하는 아이, 화내는 아이, 답답해하는 아이, 무기력한 아이 등 가지각색이다.

개별화로는 충분치 않은 이유

우리는 아이들이 다 똑같지 않다는 것을 알고 있다. 어떤 아이들은 전력을 다해 앞서가지만 다른 아이들은 뒤처지는 것을 봐왔다. 층위별(tiered) 수준에 기반한 개별화(differentiation) 시스템을 옹호해온 이유가 여기에 있다.

개별화 시스템에 따라 교사는 아이들의 수준에 맞춰 각기 다른 수업을 설계한다(교육학적으로 '수업설계'에 해당). 예컨대, 수학수업이라면 별도로 세 가지 문제세트를 만든다. 문학수업이라면, 문학서클(literature circle, 같은 작품을 읽고 서로 작품에 관해 의견을 나누게 하는 수업 방법-옮긴이) 활동을 위해 수준별 읽기모둠을 네 개 만든다. 또 작문과제는 난이도 상중하의 세 가지 버전을 만든다.

층위별 시스템

개별화 수업은 올바른 방향으로 가는 방법 중 하나임에는 틀림없지만, 이것만으로는 학생 개개인의 필요를 충족시킬 수 없다. 독해를 어려워해서 수준이 낮은 읽기모둠에 속한 아이가 의외로 추론 수준은 높을 수도 있다. 낮은 수준의 대수문제를 푸는 아이는 단순 계산을 빨리 하는 것은 어려워하지만, 그에 비해 선형관계를 이해하는 수준은 높을 수도 있다.

수준만이 문제가 아니다.

아이들은 흥미, 열정, 배경지식 또한 제각기 다르다.

아이들이 품는 질문들도 모두 다르다.

개개인에게 잘 맞는 학습 시스템 역시 아이마다 모두 다르다.

그러면 어떻게 해야 하는가?

한 반에 32명이라면 매일 32개의 각기 다른 수업계획을 만들어야 한다는 말인가?

아니, 그렇지 않다.

다른 방법이 있다.

그 전에,
먼저 아이스크림에 관해
이야기해보자

배스킨라빈스는 31가지 맛 아이스크림을 판다. 매달 돌아가면서 맛을 바꾸므로 실제로는 수백 가지에서 수천 가지 맛을 만들어낼 것으로 추측된다. 선택을 하고 싶다면 이 가게로 가면 된다. 여러분이 좋아하는 맛을 찾을 수 있을 것이다. 만약 못 찾는다면 여러분의 아이스크림 선호도를 재고해봐야 할 것이다.

아무도 찾지 않을 아주 독특하고 특별한 아이스크림을 원한다면 콜드스톤(Cold Stone, 아이스크림과 그 외 재료를 선택하면 차가운 돌 위에서 비벼주는 미국의 아이스크림 전문점 -옮긴이)에 가는 게 좋다. 여기서는 '초콜릿 시럽 땅콩버터 프렛젤 아이스크림'을 주문할 수 있다. 당신 말고는 그 맛을 찾을 사람이 아무도 없을 테니 그건 당신 것이다. 거기서는 당신이 원하는 정확한 맛의 아이스크림을 고를 가능성이 크다.

그런데 이걸로도 뭔가 부족하다면? 그러니까 아이스크림을 손에 넣는 전 과정에서 주인의식을 발휘하길 원한다면?

그럴 땐 얼린 요거트를 파는 가게에 가는 게 좋다. 물론 얼린 요거트는 진짜 아이스크림과는 좀 다르다. 여기서 '요거트'는 '아이스크림이 아닌 척하는 아이스크림'을 뜻하는 암호명이라고 생각하자. 얼린 요거트를 파는 가게에서는 내가 원하는 맛을 직접 골라야 한다. 배스킨라빈스보다 선택지는 적지만 여기서는 내 맘대로 양 조절이 가능하다. 요거트 위에 올라갈 토핑 역시 선택해야 하는데, 원하는 토핑의 종류는 물론 각 토핑을 얼마나 올릴지도 선택할 수 있다. 여기서는 자신이 그 모든 과정의 주인이 된다.

개별화 넘어서기

선택과 개별화에 관해 얘기할 때 그 대화는 '배스킨라빈스' 모델을 중심으로 전개된다. 수준이 낮은 모둠의 아이들이 아이스크림을 한 숟가락 얻으면, 선행모둠 아이들은 세 숟가락을 얻는 식이다. 이 모델을 이용하면 구체적인 선택에 관해서도 설명할 수 있다. 아이들에게 메뉴를 주고 원하는 맛을 선택하게 한다. 어느 수준에서는 이 방법이 통한다. 교사는 내용과 과정의 품질을 통제해야 한다. 하지만 31가지 새로운 맛을 계속해서 개발해야 한다면 교사가 지치기 쉽다.

개별화(differentiation)에서 개인화(personalization)로 전환하면 어떨까? 이때 '콜드스톤' 모델이 치고 들어온다. 아이들은 주어진 내용 중에서 선택만 하다가 무엇이든 고를 수 있는 자유를 얻는 수준으로 이동한다. 주어진 선택지 중에서 고르는 게 아니라 정확히 자신이 원하는 것을 말하게 된다. 주인의식이 더 커진다. 아이들이 조금 더 적극적으로 참여한다. 하지만 여전히 교사가 그 과정에 주도권을 갖고 진행해야 하고, 그러면 교사는 지친다.

아이들이 내용과 과정 모두에 대해 주인의식을 갖게 하는 방식이 바로 '얼린 요거트' 모델이다. 여기서는 아이들이 직접 해보며 배우고 싶은 것을 정한다. 아이들은 원하는 만큼 정확히 요거트 양을 정하고, 흥미롭거나 필요하다고 생각하는 토핑에 집중한다. 교사는 전체 시스템의 조언자이자 설계자로 여전히 존재하지만, 학업을 자기주도적으로 진행하는 주체는 아이들이다.

**배스킨라빈스가 개별화라면,
콜드스톤은 개인화다.
그리고 얼린 요거트는 유연한 시스템에 기반한
자기주도적 배움이자 임파워링이다.**

이 모델 중 어느 것도 틀린 건 없다

구성원 전체가 함께 작업해야 할 때도 있고, 선택지가 거의 존재하지 않을 때도 있다. 하나의 토론에 적극적으로 참여하거나 하나의 기사를 분석해야 할 때도 있다. 확실한 것은, 선택권이 없으면 공동체성이 강화되기 마련이다.

배스킨라빈스 모델로 전환해 선택 항목을 주거나 수준별 시스템을 구성할 수도 있다. 이렇게 해도 전혀 문제될 건 없다. 가끔은 수준별 읽기를 위해 소모둠으로 나눌 필요가 있고, 수학문제를 풀 때도 모둠에 따라 구체적인 선택지를 주는 게 필요하다.

콜드스톤 모델을 차용해 개인화 단계로 이동해야 할 때도 있다. 이 모델을 이용하면 교사가 해야 할 일이 조금 더 생기지만 장기적으로 볼 때 해볼 만한 가치가 있다. 교사는 아이들과 일대일 면담이나 개인교습을 하고, 특정 아이들이 적극적으로 참여할 수 있도록 구체적인 방법을 찾는다.

그렇지만 얼린 요거트 모델이 필요한 때도 있다. 이때 교사는 아이들이 그 과정과 결과물에 대한 주인의식을 발휘하도록 허용한다. 아이들은 자신의 욕구, 열정, 호기심, 스킬을 바탕으로 자기주도적으로 주제, 테마, 결과물, 아이디어, 질문을 선택한다. 보충학습과 심화학습을 선택하는 주체 또한 아이들이다.

유연한 디자인 수용하기

앞서 소개한 이야기에서 미 공군은 조종사들이 무능력하거나 훈련을 잘 받지 못해서 문제가 생긴 거라고 추측했었다. 시스템이 아닌 조종사들을 탓했다. 그러나 디자인에 조종사를 맞추던 상황을 전환하여 각 조종사에게 맞게 디자인을 조정하기 시작하면서 모든 것이 바뀌었다.

그렇다고 해서 군이 각 조종사에게 맞춤 조종석 의자를 만들어준 건 아니다. 유연하게 조정할 수 있는 부품을 개발하고, 조종사들이 자신의 필요에 따라 의자를 맞추도록 했을 뿐이다.

키 작은 사람용, 키가 중간인 사람용, 키 큰 사람용 세 가지 버전의 조정석 의자를 마련한 게 아니라, 의자를 조정할 수 있게 만들어서 조종사가 각자 자신에게 가장 잘 맞게 조정하도록 했다. 첫 번째 접근법은 평균화와 개별화에 초점을 맞추는 방식이다. 학교에서 아이들을 모둠별로 묶은 다음 개별화 수업에 적용하는 방식과 같다. 그러나 두 번째 접근법, 즉 의자를 조정할 수 있게 만들자는 아이디어는 여러 가지 항목을 유연하게 만들어 각자 특성을 고려해 스스로 결정할 수 있도록 허용한다는 점에서 다르다.

수업, 프로젝트, 단원, 과제를 조정할 수 있다면 어떨까? 규칙, 수업 절차, 형식이 유연하다면 어떨까? 아이들이 여러 요소를 수정해도 되는 권한이 본인에게 있다고 느낀다면 어떨까? 시스템에 맞추라고 강요하기보다 아이들을 위해 시스템을 조정하면 어떨까? 다시 말해서, 우리는 현 시스템을 배스킨라빈스와는 덜 비슷하고, 얼린 요거트와는 더 비슷하게 만들 수 있다.

조정이 가능한 유연한 시스템을 디자인하자면 다음과 같은 질문이 나올 수 있다.

"어떻게 해야 이 시스템의 더 많은 부분을 조정할 수 있게 될까? 아이들이 자신의 필요에 따라 이 시스템을 조정하려면 어떻게 해야 할까?"

조정 가능한 시스템

느슨한 형식을 가진 프로젝트를 만들어라.

무엇을 만들지, 그것을 어떻게 만들지 결정할 때 아이들에게 더 많은 자율성을 주면, 느슨하면서도 어느 정도 형식이 정해져 있는 프로젝트를 만들 수 있다.

이는 과제를 낼 때 정해진 분량(예컨대, 세 페이지, 다섯 단락 등)을 없애고 아이들 스스로 과제의 양을 정하도록 허용한다는 의미이기도 하다. 또한 스스로 프로젝트 형식을 선택하고, 각자 적합하다고 여기는 부분에 멀티미디어를 융합할 수도 있다.

스킬, 전략, 성취기준을 선택하게 하라.

연습할 스킬을 아이들 스스로 선택할 수 있게 하라. 그렇게 하면 이미 알고 있는 것을 계속 다시 배우기보다는 각자 어려움을 겪는 분야에 집중해서 연습할 시간을 더 갖게 된다.

자신에게 가장 잘 맞는 학습전략을 선택하는 법을 가르쳐줘라. 이 접근법을 취하면 아이와 교사 모두 신경이 곤두설 수도 있다. 아이들에게 더 많은 선택권을 주고 유연한 디자인을 취하는 쪽으로 점차 가까워지기 때문이다.

더욱이 이 접근법을 취하려면 교사가 아이들을 깊이 신뢰해야 한다. 아이들에게 "가서 네 필요에 맞춰 이 시스템을 수정해봐."라고 말하는 게 결코 쉬운 일이 아니기 때문이다.

아이들은 때때로 도움이 필요할 것이다. 책임있게 임무를 수행하는 게 어려운 아이들은 무엇을 할지 결정하는 데 도움이 되는 추가적 지시나 일정한 형식이 필요할 수 있다. 그렇다 하더라도 시스템이 유연하면 아이들은 자기만의 방식을 훈련해볼 수 있다.

이렇게 배움의 과정에서 주도권을 갖게 되면 아이들은 전에는 상상도 못한 방식으로 학습에 대한 주인의식을 갖기 시작한다.

실제로는 어떻게 보일까?

국어수업을 듣는 5학년 아이가 있다고 상상해보자. 수준별 읽기 모둠활동 후에 연관된 글쓰기 주제를 제공하는 일반적인 수업과 달리 이 수업에서는 블로그를 제작할 기회가 주어졌다.

주제를 아이가 직접 고른다.

중심 소재도 아이가 직접 고른다.

아이는 비디오게임 블로그를 만들어보기로 한다.

그래서 수업시간 중 많은 부분을 할애해 게임 관련 질문을 찾고 여러 자료를 읽는다. 선생님과 일대일 면담을 하면서 아이는 자신이 명확한 이해를 위한 질문을 하는 데 서툴다는 사실을 알게 됐다. 그래서 이것을 이 과제를 하는 동안 집중할 성취기준으로 고른다. 막히는 부분이 있을 때마다 인터넷 강의를 듣는다. 또 친구들과 이야기하며 추론 과정에서 얻은 지식을 나눈다. 친구는 명확한 이해를 위한 질문을 점검해준다. 보충학습은 이 과정 안에 들어있다.

이것이 100퍼센트 개인화된(individualized) 과정은 아니다. 작문할 때 참고자료 인용하는 방법을 반 전체가 함께 집중해서 배우기도 한다. 사용한 자료의 진위를 확인하거나 관련 정보를 찾는 법을 배우는 짧은 수업 몇 개도 함께 이루어진다. 그러나 여전히 이 과정의 주인은 아이들이다. 아이들이 조종사이고, 자신의 필요에 따라 조종석을 이리저리 맞춰가며 조정하고 있다.

마침내 블로그 글을 쓰는 단계에 이른다. 아이는 거침없이 다섯 단락짜리 글을 써낸다. 옆 친구는 소개글과 짧은 목차를 완성한다. 맞은 편 친구는 팟캐스트 하나를 끝냈다.

똑같은 내용을 배운 사람은 아무도 없다.

다소 어수선하다.

하지만 괜찮다.

이건 얼린 요거트다.

모든 결과물이 다 달라야 한다는 뜻이다.

토론해봅시다

Q1 이 장에 소개된 내용 중 개인적으로 가장 공감했던 부분은 무엇인가요? 느낀 점이나 새롭게 깨달은 점을 함께 이야기해봅시다.

Q2 학교나 교실, 혹은 수업의 시스템을 좀 더 유연하고 조정 가능하게 만들 구체적 방법으로는 어떤 것이 있을까요? 그것은 학습 책임의 점진적 이양(gradual release of responsibility)이라는 개념에 어떻게 부합하나요?

11장

이야기에서
주인공은 누구인가

배움을 주도하는 아이들은 자기만의 이야기를 만든다.
사실, 최고의 이야기는 교사가 학생들과 함께
모험에 참여하고 있을 때 나온다.

여러분의 교실 이야기에서
주인공은 누구인가?

그냥 지나쳐버리기 쉽지만 배움의 현장에는 늘 이야기가 있다. 지금 이 순간 아이들은 고된 일상에 얽매여 있거나 버거워하고 있을지도 모르겠다. 아니면 이 순간을 그냥 즐기고 있을 수도 있다. 어쨌거나 여러분의 교실과 학교에는 이야기가 있다.

교사는 아이들과 함께 먹고, 살고, 배운다. 아이들이 실패하는 것을 지켜본다. 성장하는 것도 지켜본다. 그들이 관계를 맺고 협업하는 모습도 지켜본다. 그리고 아이들이 창작하고 제작하는 것을 돕는다. 학년 말이 다가오면 교실에 어떤 이야기가 흐르고 있는지를 살펴봐야 한다. 모든 반이 제각기 다르고 이야기의 결말도 다르기 때문이다.

임파워링이 구현된 환경에서 자신의 배움을 주도하는 아이들은 학교에 있는 하루 7시간 외에도, 마지막 수업 종이 울린 후에도, 학교 건물을 벗어나서도, 자신들의 이야기가 계속되고 있음을 안다.

임파워링 환경에서 배움을 주도하는 아이들은 자기만의 이야기를 만든다. 나중에 영향력 있는 어떤 일을 하기 위해 졸업만을 기다리기보다는, 아직 학생 신분이더라도 자기만의 이야기에

보탤 만한 무언가를 찾고 그 기회를 한껏 누린다.

이야기하는 법

최근에 도널드 밀러(Donald Miller)의 책 『How to Tell a Story(이야기하는 법)』을 읽었다. 빠르게 읽을 수 있었던 책인데 허를 찌르는 내용이 있었다. 우리는 가끔 이야기를 너무 당연히 받아들이거나 '애들한테나 필요한' 것으로 생각한다. 하지만 어른들도 이야기를 통해 자기 삶을 형성한다. 매일매일은 마치 이야기처럼 처음, 중간, 끝이 있다. 각자의 상황, 각자의 직업, 그리고 한 해 한 해가 이야기와 같은 방식으로 만들어진다.

이와 같은 일이 배움의 현장에 있는 아이들에게도 일어난다. 밀러는 그의 책에서 수많은 책과 영화에서 쓰이며 우리 삶에서도 사용되는 간단한 이야기 구조를 다음과 같이 보여준다.

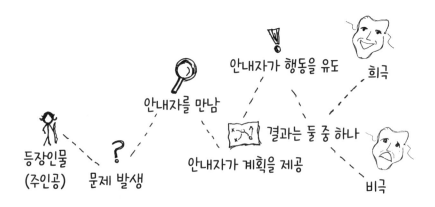

이것이 교실에서는 어떻게 적용되는지 보자.

교실 이야기의 등장인물은 각각의 아이들 또는 학급 전체일 수 있다. 등장인물을 정했다면 다음 할 일은 문제가 무엇인지 이해하는 것이다.

나의 수업 이야기

나는 몇 년 전 내 수업에서 진행한 '수업시간의 20퍼센트' 프로젝트에 관해 많은 글을 썼다. 앞서 소개한 스케치를 사용해서 그 수업 이야기를 살펴보자.

등장인물(나의 학생들)은 문제가 있었다(학습 경험이 아니라 오로지 점수에만 관심이 있었다). 그들은 계획('수업시간의 20퍼센트'라는 프로젝트)을 짜주는 안내자(나)를 만났다. 안내자는 그들을 행동하게 했다. 점수를 받기 위해서가 아니라 각자 자신이 원하는 것, 열정이 있는 어떤 것을 배워보라고 했다. 그 계획은 성공적으로 끝났다(점수에 얽매이지 않은 놀랄 만한 결과물로 발표회를 해냈으므로 행복한 결말이다).

이것은 학급 전체의 이야기다.

그러나 이 학급의 이야기 속에 많은 개인의 이야기들이 있을 수 있다. 그중 한 가지가 다음과 같을 수 있겠다.

등장인물(그 반의 한 여학생)은 문제가 있었다(세상에 자신의 음악을 공유하는 것이 두려웠다). 안내자(그 프로젝트를 통해 만난 멘토)를 만났고, 그 안내자가 계획을 짜주었고('처음부터 사람들 앞에서 공연할 필요는 없다'), 행동하게 했다(아이는 혼자서 음악을 녹음하고, 익명으로 온라인에 올리고, 이에 관해 글을 썼다). 그리고 그것은 성공적으로 끝났다(온라인에서 긍정적인 피드백을 받았고 결국은 이름을 밝히고 더 많은 노래를 올렸다).

교사는 안내자다.

여기서 중요한 것은 당신이 맡은 학급이나 아이들 각각을 앞으로 전개될 하나의 이야기로 바라보는 것이다.

그런데 학생들이 이미 이 위대한 모험길에 올라 자신의 학습에 온전히 책임을 지고 있다면 이것이 교사에게는 어떤 의미를 가질까?

교사는 등장인물(학급이나 학생)이 행동하도록 하는 안내자 역할을 자주 한다. 그러나 가끔은 등장인물에게 다양한 환경에서 더 나은 도움을 줄 수도 있는 다른 안내자(그게 항상 교사 자신일 필요는 없다)를 지정해줄 수 있다.

너무 겸손한 것 아니냐고 느낄 수 있다. 사실 그렇다. 하지만 안내자 역할을 하다 보면 권력과 권한을 포기하게 돼 있다. 어떤 결정을 내릴 때 학생들이 직접 하는 경우가 더 많아진다. 학생들은 각 개인의 이야기는 물론 학급 전체의 이야기 모두의 주인공이 된다.

'안내자'가 되면 교사로서 영향력을 잃게 되는 걸까?

짧게 답하자면 '그렇지 않다.'
안내자는 여전히 영향력이 있다.
서사시적 이야기에 나오는 신비한 안내자들을 생각해보라.

간달프   요다   프리즐 선생님

* 간달프(Gandalf) 소설 『호빗(The Hobbit)』과 『반지의 제왕(The Lord of the Rings)』 시리즈에 나오는 마법사
* 요다(Yoda) 영화 <스타워즈(Star Wars)> 시리즈에 등장하는 인물로, 다른 제다이를 제자로 삼아 훈련시킴
* 프리즐 선생님(Frizzle) 그림책 『신기한 스쿨버스(The Magic School Bus)』 시리즈에 등장하는 교사

위 인물들의 역할을 의심하는 사람이 있을까? 특히 프리즐 선생님은 교사로서는 간달프를 능가한다. 프리즐 선생님은 모든 아이가 배우고 있음을 확신하지만, 간달프는 "넌 통과하지 못한다."라는 말을 주로 한다. 아, 물론 악마를 막으면서 한 말이긴 하다. 어쨌거나 이 안내자들은 사람들과 관계를 맺고, 그들 내면의 영웅을 끌어내는 중요한 역할을 했다.

조지프 캠벨(Joseph Campbell, 문학작품 속의 신화적 인물을 연구한 비교신화학자-옮긴이)은 서사시적 이야기의 구조를 묘사하기 위해 '영웅의 여정'이라는 용어를 만들었다. 여기서 주인공은 어려운 상황에 빠지지만 결국엔 변화된 사람이 된다.

안내자는 아래와 같이 엄청난 역할을 한다.

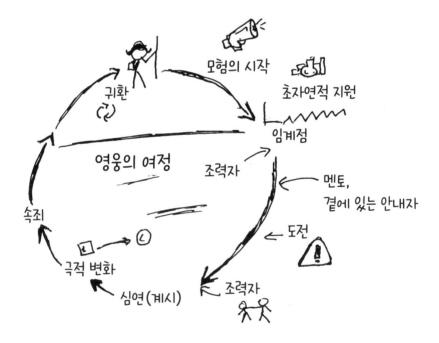

모든 프로젝트는 이야기다

한 학년이라는 더 규모가 큰 서사(아마 서사시적 이야기의 시리즈 정도)가 진행된다고 치면, 그 일년 사이에 이루어지는 각각의 소규모 프로젝트도 하나의 서사시적 이야기가 될 수 있다. 프로젝트를 하는 동안 학생들은 각자 의미 있는 문제와 씨름하며 그 과정에서 테마를 찾아내는 영웅들이기 때문이다.

이야기의 요소	프로젝트의 요소
주인공	이야기를 이끌어 가는 학생
안내자	멘토 역할을 하는 교사
갈등	학생들이 관심을 두는 문제
테마	프로젝트 중 진행하는 유의미한 수업
배경	실제 존재하는 상황
일어난 사건	탐구를 시작하는 곳
클라이맥스	학생들이 창작하고, 해결하고, 발표함
해결	임파워링 환경에서 학생들이 배움을 주도함

수업 이야기 만들기

가르친다는 게 항상 쉽지는 않다. 그리고 많은 학생에게 학습은 힘겨운 일일 수 있다. 교육자로서 우리는 교수와 학습을 넘나들어야 하는 이 과정에 부름을 받았다. 우리는 학생들을 밀어붙이며 도전의식을 자극하고 또 지지하고 안내한다. 이 고된 과정에서 자칫 길을 잃기 쉽다. 이것이 바로 많은 교사가 완전히 지쳐버리는 이유이기도 하고, 동시에 많은 학생이 학교에 불만을 느끼는 이유이기도 하다.

매 학년을 하나의 여정으로 생각해보면 어떨까?

끝이 있을 뿐만 아니라 새로운 시작이 있는 그런 여성 말이다. 그러면 우리 교사들의 사고관점은 고단한 일상을 견뎌내는 것에서 가능한 최상의 이야기를 만드는 것으로 바뀔 수 있다.

학년 초에 (또는 학기 중에) 학생들과 이야기할 때, 당신이 막 시작하려고 하는 그 여정을 학생들이 이해하고 있는지 확인하라. 앞서 도널드 밀러가 지적했듯이 사람들은 복잡한 개념도 이야기 형식으로 표현하면 쉽게 이해한다.

사람들이 복잡한 개념을 이해하고 알아차리게 하고 싶다면, 그것에 관한 이야기를 들려주도록 하라.

이야기를 들려주면 대부분의 경우 뇌 속에서 '경험 깨우기'

현상이 일어나며, 다른 사람이 말하고자 하는 바를 순식간에 이해하게 된다. 그래서 이야기를 잘하는 사람들은 다른 이들과 더 빠르고 강한 유대감을 형성한다.

교사는 곁에 있는 안내자 이상의 역할을 한다.

"교사는 '교단 위의 현인(a sage on the stage)'이 아니라 '곁에 있는 안내자(a guide on the side)'가 되어야 한다."

교육계에서 유행하는 말이다. 아이들이 반드시 배워야 할 것을 설교하기보다는 곁에서 학습을 촉진하는 역할을 해야 한다는 의미이다. 그러나 완전히 정확한 말은 아니다. (나를 포함해) 많은 교사가 자주 놓치고 있는 부분이 있다.

이야기의 주인공이 학생이 아닐 때도 있다.

교사가 주인공인 때가 가끔은 있다.

학교에서 한 학년을 보내다 보면 학생들이 교사인 나를 안내하고 행동하도록 하는 순간을 맞는다. 그런 순간이 얼마나 많았는지 헤아릴 수 없을 정도다.

우리는 모두 이 웅대한 모험의 일부이다.
우리는 모두 서로에게 배우고 있다.

사실, 최고의 이야기는 교사가 학생들과 함께 그 모험에 참여하고 있을 때 나온다.

함께 모험을 떠나고 동행하면서 배운다.

모험의 길에서 서로 다른 교훈을 얻을 순 있겠지만 그 여정만은 함께 공유한다.

학생들의 이야기를 교사 자신의 것으로 받아들이고 교사가 그 속에서 적극적인 역할을 한다는 사실을 인정할 때 교사는 곁에 선 안내자 그 이상이 된다.

교사는 학생들과 함께 모험하는 안내자이다.

교사는 이 모험의 능동적 참가자이며 모험의 전 과정에서 학생들만큼 많이 배운다.

임파워링이 구현되어 학생들이 배움을 주도하면, 그들은 자신들의 학습 이야기를 만들어가고 배움의 여정을 계속해서 공유한다. 그러면서 그들의 인생(그리고 다른 사람의 인생)에 지대한 영향을 미치는 기회를 자주 얻게 된다.

창조하고, 디자인하고, 탐구하는 활동을 하면서 학생들은 그런 기회를 얻는다.

토론해봅시다

Q1 교사로서 '곁에 있는 안내자'보다는 '함께 모험하는 안내자'가 되어야 했던 순간은 어느 때였나요?

Q2 교사가 학생들과 '함께 모험하는 안내자'가 된다는 것은 학생들의 연령층에 따라 어떻게 다르게 보일까요?

12장

임파워링을
시작하는 방법

이제 임파워링의 세계로 뛰어들라. 쉽지 않을 것이다.
완벽하지도 않을 것이다. 실수를 많이 할 것이다.
그러나 그것은 웅대한 모험이다.

아이들이 학습에 주인의식을 갖게 하는 것은 굉장히 큰 일이다. 아이들이 선택하는 보충학습과 심화학습, 자기평가 등을 넣어서 이를 실천하기 위한 시스템과 형식을 개발하는 데는 시간이 걸린다. 선택권을 주는 수업은 아니지만 다른 방식의 훌륭한 수업, 예를 들면 소크라테스식 세미나(Socratic Seminar, 질문과 대화를 통해 협력적 학습이 일어나도록 하는 소크라테스의 교수법에 뿌리를 둔 토론 방법-옮긴이)가 포함된 멋진 낭독활동 같은 것을 이미 하고 있을 수도 있다.

이것은 임파워링으로의 여정의 시작이다.

적합한 방식을 찾는 데 여러 해가 걸릴 수 있다.

하지만 괜찮다.

아이들이 배움의 주인이 되어 행하는 작은 행동 하나하나가 그 여정을 이어나갈 한 걸음이 된다.

다음은 임파워링으로의 여정을 시작할 때 길잡이가 되어줄 구체적 조언이다.

하나,
프로젝트 하나로 시작하라.

아이들에게 선택권을 주는 단 하나의 프로젝트로 시작해봐도 좋다. 이렇게 가볍게 시작하면 교사는 익숙한 방식으로 아이들의 학습을 독려하면서 동시에 계획하고 성찰할 시간을 가질 수 있다.

2주 단위의 프로젝트를 해봐도 좋다.

아니면 봄방학 전날이나 학력평가 시험이 끝난 날처럼 '버리는 날'에 하루짜리 프로젝트를 시도해봐도 좋다.

아이들에게 선택권을 주기 위한 출발점으로 아래 소개하는 프로젝트를 사용할 수 있을 것이다.

궁금한 일주일

'궁금한 일주일(Wonder Week)'은 1주일짜리 탐구 기반 프로젝트이다. 아이들은 흥미 있는 것에 관해 무엇이든 질문할 수 있다. 늘 궁금했지만 평소에는 알아볼 기회가 없던 질문들 말이다. 아이들의 궁금증을 기꺼이 받아들여야 한다는 것을 절대 잊어서는 안 된다.

천재의 시간

완전히 독립적인 장기 프로젝트를 원한다면 '천재의 시간(Genius Hour)'을 시도해볼 수 있다. 매주 정해진 시간에 아이들이 처음부터 설계한 프로젝트를 독자적으로 진행하게 하면 된다.

'천재의 시간'은 아이들에게 선택권을 주는 혁신적인 접근법인데, 구글이 직원들에게 제공하는 '구글의 20퍼센트 시간' 프로젝트에서 영감을 얻었다. 구글의 20퍼센트 시간이란 1주일에 하루쯤은 직원 각자가 개인 프로젝트를 하는 데 시간을 쓸 수 있게 하자는 아이디어이다. 구글 최고의 혁신제품 중 몇 가지가 바로 이 프로젝트를 통해 나왔다.

이런 성공을 교실에서 이끌어내기가 쉽진 않겠지만 가능성은 있다. 아이들이 독립 프로젝트를 계획하고 관리할 수 있도록 하라. 혼자 진행할 수도 있고 협업할 수도 있다. 어떤 프로젝트는 질문과 조사로 시작되지만, 처음으로 창조적인 활동을 할 때 어떻게 해야 하는지를 배워가면서 시작하는 프로젝트도 있다. 이렇게 유연하게 할 수 있어야만 한다.

덕후 블로그

아이들이 각자 원하는 주제를 정하고 이에 대한 블로그를 개설하도록 한다. 아이들의 흥미를 유발할 만한 덕후 블로그(Geek Out Blogs)를 보여주면서 요즘 유행하는 트렌드를 조사하게 하는 것도 좋다. 아이들은 음식, 스케이트보드, 스포츠, 패션, 게임, 자동차, 역사, 과학 등을 다루는 블로그를 둘러볼 수 있다. 아이들은 구체적인 테마를 정한 블로그를 만든다. 블로그 독자 및 중점 관심 분야를 정의한다. 이제 다양한 형식의 블로그 글을 작성하기 시작한다.

1. 동영상, 소리, 텍스트를 포함해 내용을 전달할 형식을 선택
   한다.
2. 게시물의 주제를 선택한다.
3. 조사에 적극적으로 참여하고 발견한 내용을 친구들과 공
   유한다.
4. 게시물을 작성한다. 요약문, 질문과 대답, 인터뷰, 인물에
   대한 흥미로운 이야기, 설득하는 글, 어떤 방법을 설명하는
   글 등 분야는 다양하다.

'덕후 블로그' 프로젝트를 하면 아이들이 전체 과정을 주도하
게 된다. 주제와 독자를 정하는 것에서 시작해서 자료수집, 글쓰
기, 편집, 발행까지 전 과정을 직접 한다. 각 글의 형식과 장르도
선택하고 결국 전문가가 된다.

둘,
신뢰하는 동료들과 협업하라

처음으로 아이들에게 임파워링하는, 즉 선택권을 주는 수업
으로 전환했을 때 나는 외로웠다. '이상한 사람'으로 보이기 싫어
서 위험을 회피하는 성향이 됐다. 큰 실수를 저지른 적도 많지만
동료 교사들에게 다음과 같은 말을 들을 것 같아 누구에게도 속
마음을 터놓지 않았다.

"너무 이상적이었네요."

"학습하는 데 아이들에게 그렇게 많은 선택권을 갖게 해서는 안 되는 거였어요."

"너무 많은 선택권이 주어지면 아이들은 이기적으로 행동할 거예요."

하지만 이런 전환을 시도한 지 2년째 되는 해에 나는 새로 부임한 하비에르 선생님을 만났다. 우리는 가까운 친구이자 신뢰하는 동료가 되었다. 수업 중에 잘된 것과 실패한 것을 정기적으로 공유했다. 우리는 마음을 터놓을 수 있었다. 그리고 천천히 프로젝트 협업을 시작했다. 혼자가 아니어서 창조적인 위험을 감수하는 게 더 쉬워졌다.

셋,
교실에서의 선택 사항을 점검하라

매일 교실에서의 수업 절차를 점검하는 데 다음과 같은 핵심 질문을 하는 것이 도움이 될 수 있다.

"아이들이 자기 일을 스스로 해낼 수 있도록 하려면 교사인 내가 무엇을 해야 하는가?"

이렇게 하면 아이들에게 주도권을 줄 수 있을 뿐 아니라 교사도 자유로워진다. 교사는 중간관리자 역할을 하는 시간은 줄이고, 수업의 리더 역할을 하는 시간을 더 낼 수 있다.

눈을 감고 자신을 학생이라고 상상해보는 것도 도움이 된다. 교실에서 수업시간 내내 또는 온종일 앉아서 공부를 하며 보낸다고 생각해보자. 내가 학생이라면 과연 무엇을 하고 싶을지 상상해보라.

이런 공감능력이 눈을 번쩍 뜨이게 할 수 있다.

나는 이렇게 하고 나서야 그동안 대부분의 수업을 교사인 내가 수업하기 쉽게 설계했다는 것을 깨달았다. 아이들 위주로 설계된 부분이 거의 없었다.

그런데 아이들이 학습과정에서 주인의식을 더 많이 가질수록 실제로는 더 체계적이고 덜 혼란스럽게 된다. 아이들이 수업 절차를 따르는 방법까지 알 필요가 없기 때문이다. 현재 수업 중 유연하게 다시 설계할 수 있는 부분이 무엇인지 스스로 질문해보라.

넷,
성취기준을 다시 생각해보라

교사에게는 각자 갖고 있는 성취기준과 이에 대응하는 교육과정 지도(curriculum map)가 있을 것이다. 반드시 따라야 하는 특정 교육과정이 있을 수도 있다. 성취기준을 볼 때는 아이들에게 선택권을 주기 위해 참고할 수 있는 자료라고 생각하고 보면 도움이 된다. 성취기준이란 일종의 청사진이다. 교사가 그에 따라 시공하고, 꾸미고, 자기 것으로 만들면 된다.

성취기준을 훑어보며 다음 질문에 대답해보라.

1. 이 성취기준에서 내용 중립적인 부분은 어디인가? 아이들이 테마나 주제를 고르는 게 가능한가?
2. 다른 성취기준과 합칠 수 있는 부분은 어디인가? 그 기준들을 묶어서 층위를 이루게 할 수 있는가?
3. 이 성취기준을 이용하면 아이들은 무엇을 선택할 수 있는가?
4. 이 성취기준과 연계된 학습 전략을 아이들이 어떻게 스스로 선택할 수 있는가?

다섯,
이해 당사자들과 소통하라

아이들에게 선택권을 준다고 하면 학부모나 교장의 반발을 살 수도 있다. 그들의 눈에는 교사의 직무 태만으로 보일 수 있으며 아이들이 '뭐든 마음대로 하게' 내버려두는 교사로 비칠 수도 있기 때문이다.

교사로서의 비전을 학교의 관리자, 동료 교사, 학부모와 공유하면 이런 오해를 막는 데 도움이 된다. 선택권을 주었을 때 아이들의 학습동기와 참여도가 얼마나 증가하는지 보여주는 데이터를 학부모와 공유하는 것도 좋다. 아이들에게 선택권을 주는 것이, 아이들이 뭐든 마음대로 하게 내버려두는 게 아니라는 것을 그들이 이해할 수 있도록 도와야 한다.

교사로서 어떤 형식, 규칙, 기대치를 갖고 있음을 학교 관리자들에게 알려주고, 디자인 씽킹이나 탐구기반 학습 같은 것을 설명할 때는 '시범 운영'이라는 단어를 사용해 설명하면 효과적이다.

한번 그렇게 말해보라.

리더들이 정말 좋아한다.

"'천재의 시간' 프로젝트를 시범적으로 운영해보려고 합니다."

"예술, 경제, 공학 분야에서 사용되는 틀인 디자인 씽킹을 시범적으로 사용해보려고 합니다."

이렇게 말해보라.

그리고 학교의 관리자들과 학부모들에게 이것을 공유하라. 그러면 아이들에게 선택권을 주는 것이 단지 재미있는 활동을 하는 것 이상이라는 것을 그들도 알게 될 것이다.

여섯,
본보기가 돼라

선택권을 준다고 해서 아이들이 늘 그것을 익숙하게 받아들이지는 않는다. 자신에게 맞는 보충학습 또는 심화학습을 고르는 법, 스캐폴딩하는 법, 프로젝트 관리법, 어딘가에서 막혔다고 느낄 때 결정하는 법 등을 가르쳐야 할 수도 있다.

점진적 이양법(gradual-release approach)을 취하는 게 도움이 된다. 처음 어떤 스킬을 배울 때 우리는 엄청난 양의 동영상을 보기도 한다. 다른 사람들을 따라하기도 한다. 전문가의 말을 들을 때도 있다. 위험 부담을 피하는 성향이라면 자신이 이렇게 하는 게 맞나 궁금해하며 주저할 수도 있다.

아이들이 처음으로 배움에 주인의식을 가질 때도 마찬가지다. 아이들은 그 결과가 어떻지 미리 그려보고 싶어한다. 그럴 때 교사가 본보기가 되어줘야 한다. 아이들이 이미 알고 있다고 예상되는 경우에는 그들이 모든 것을 주체적으로 할 수 있도록 허용해야 한다. 가끔은 교사가 자기평가에 필요한 메타인지의 본보기를 보여야 할 수도 있다. 또 의사결정 과정을 보여줘야 할 때도 있다. 아이들이 선택권을 행사하는 초기 단계에는 직접적인 지시사항을 주는 것도 괜찮다. 선택권이 실현되면 어떤 식이 될지 아이들이 알 필요가 있다.

일곱
임파워링의 세계로 뛰어들라!

쉽지 않을 것이다
완벽하지도
않을 것이다
실수를
많이 할 것이다
그러나 그것은
웅대한 모험이다

임파워링

자신의 배움에 대해
주인의식을 갖는 것이
왜 중요한가?

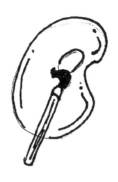

벽화 그리기 프로젝트

간단한 아이디어에서 시작된 일이었다. 학교에 생기는 그래 피티(graffiti, 벽이나 담장에 페인트 또는 락카로 그린 낙서나 그림-옮긴이)를 덮기 위해 페인트칠을 하고 나면 24시간 이내에 또 다른 그래피티가 생기는 것을 주목한 세 명의 여학생이 있었다. 아이들은 이 현상이 불안과 긴장을 일으키므로 공동체 안에서 그 문제를 풀어보고 싶다고 했다. 처음에는 카메라 설치를 위한 모금행사를 열거나 순찰조직을 구성하는 쪽으로 관심을 두었다.

그런데 조사를 하면서 아이들은 어떤 경향을 발견했다. 즉, 그래피티를 그리는 사람들 대부분이 스스로를 심심하고 삭막한 공간에 자기 이름을 그려넣는 일종의 예술가라고 여긴다는 사실이었다. 이 사람들은 폭력조직과 연관된 위협적 존재가 아니었다. 그저 자신을 알리고 싶어 할 뿐이었다. 공공시설을 훼손한다는 비난을 피하긴 어려웠지만 그래도 그런 행위에 대한 인식이 바뀌는 계기가 되었다.

이 일은 과감한 아이디어를 끌어냈다.

한 아이가 두 쪽짜리 계획서를 갖고 왔다. 읽어보기도 전에 아이가 불쑥 말했다.

"그래피티를 예술작품으로 덮어보려고요. 그러면 더 이상 건드리지 않을 것 같아서요."

"미술관처럼 만든다고?"

"아니요, 벽화로요. 학교 곳곳에 벽화가 생기게 될 거예요."

아이는 이 프로젝트가 끝나면 학교가 어떻게 보일지 5분짜리 발표를 시작했다. 우리는 교장선생님께 이 아이디어를 말했고, 즉시 허락을 받았다.

이것이 거대한 프로젝트의 시작이었다.

학생들이 모둠별로 만나서 준비물, 과정, 전체 디자인 컨셉까지 모든 것을 계획했다. 벽화의 주제는 이민으로 정했고, 우리의 모습이 다양한 문화를 이어 붙인 조각보와 같다는 것을 상기시키는 그림을 그리기로 했다. 마이클이라는 아이가 전체 디자인 컨셉을 스케치했고 우리는 격자계를 사용해 이를 확대해서 벽에 그렸다.

아이들은 그 과정을 주체적으로 해나갔다.

우리는 그 디자인의 밑그림을 그리는 데 일주일을 썼다. 다섯 명은 수업 전에, 일곱 명은 방과 후에 그렸다. 그러고 나서 맞이한 첫 토요일 아침 태양이 떠오를 때쯤, 지친 눈을 한 열두 명의 아이가 그림을 그리기 위해 만났다. 아이들이 페인트 붓을 꺼내 들고 흰 벽을 예술작품으로 변신시키자 상상 속 벽화는 금방 현실이 되었다.

모든 게 완벽하지는 않았다.

실수가 많았다.

많은 학생이 답답해하고 지쳐 쓰러지는 순간도 있었다.

하지만 우리가 정한 다음 두 가지 규칙에 따라 프로젝트를 지속했다.

1. 실수를 허용한다.

　우리는 그렇게 배운다.

2. 누구나 예술가다.

　누구나 자기 목소리를 낼 수 있다.

4시간 후 벽화의 밑작업이 완성됐다. 페인트칠을 하느라 지저분해진 것을 치우고 그 자리를 떠나면서 나는 월요일 아침에 혹시 그 그림이 다시 그래피티로 뒤덮이지는 않을까 걱정했다. 그럴 위험이 충분히 있었다.

다행히 아무도 벽화를 건드리지 않았다.

학교의 다른 부분에는 그래피티가 계속 생겼다. 하지만 벽화

주변에는 마치 창의성과 아이들의 목소리가 어떤 힘으로 작용하는 것 같았다. 벽 아래 인도에 방수천을 깔아둘 생각을 못해서 실수로 인도에도 그림을 그려버렸다. 그렇게 두 달을 보냈다.

그 두 달 동안, 벽화를 건드린 사람은 아무도 없었다.

여름 내내 그 벽화는 화합을 알리는 대담한 담화문처럼 모든 이웃이 볼 수 있게 남아있었다. 그리고 다음 해에 우리는 벽화를 두 개 더 그렸다.

프로젝트로 시작한 것이 운동 차원으로 발전했다.

3년 동안 우리는 벽화 다섯 개를 그렸다.

그것은 자부심의 원천이었다.

나는 근처 초등학교 아이들이 학교 가는 길에 멈춰서 벽화를 가리키며 한참 쳐다보는 것을 지켜보곤 했다.

학부모들은 이렇게 말하곤 했다.

"언젠가 너희들도 한 개 그리게 될 거야."

그러나 세 번째 해가 끝나갈 무렵, 학교의 관리자들이 바뀌면서 갑자기 모든 것이 변했다.

봄방학 후 학교에 돌아왔을 때는 벽이 모두 하얘져 있었다. 공식적 이유는 그 벽화들이 '비전문적으로' 보인다는 것이었다. 중학교 과정만 있다가 유치원에서 중학교 과정까지 있는 학교로 전환하므로 '새로운 시작'이 필요하다고도 했다.

"왜 우리가 그 고생을 했을까요?"
울음을 참으며 한 아이가 이렇게 물었다.
"우리 이렇게 한번 해볼…"
"아뇨, 선생님. 저는 더는 그리지 않을 거예요. 제 블로그도 이제 비공개로 전환할 거예요. 악플러들이 언제 나타날지 모르잖아요. 제 작업을 공유하는 건 이제 끝이에요."
나는 그 아이의 눈을 보며 말했다.

"네 목소리를 세상에 내지 않으면,
이 세상은 너의 창의성을 누릴 기회를 잃게 돼.
네가 그렇게 도망치도록 두지 않을 거야."

그날 오후 집으로 돌아오는 차 안에서 나는 중학교 2학년 때 스무트 선생님이 내게 해줬던 말을 내가 똑같이 따라했다는 것을 깨달았다.
그리고 벽화 프로젝트의 진정한 힘은 그 일을 주도적으로 해낸 아이들에게 있음을 깨달았다.

그건 아이들에게 임파워링한 결과였다.
프로젝트에 대한 주인의식을 갖게 된 아이들은
분명 이전과 달라져 있었다.

프로젝트는 있다가도 없다.

과학기술은 변한다.

새로운 아이디어도 시간이 지나면 유행에 뒤처진다.

그리고 당연하게도, 사람들은 벽화를 페인트로 덮어버린다.

예술이란 모두 어느 정도는 일시적일 수밖에 없다.

하지만 결코 빼앗을 수 없는 게 하나 있다.

아이들이 스스로를 메이커로 정의하면서 갖게 되는 사고관점이 바로 그것이다. 그러한 관점의 변화가 일어나면 인생이 달라진다.

세상이 달라지고, 아이들의 세상은 더 나아진다.

토론해봅시다

Q1 여기에 소개된 프로젝트 중 혹시 전에 시도해본 것이 있나요? 어떤 프로젝트였나요? 앞으로 시도해보고 싶은 프로젝트는 무엇인가요?

Q2 이 책을 읽고 가장 크게 깨달은 점은 무엇인가요?

• 추천의 글

Couros, G. (2015, August 18). "Hard Work is No Guarantee of Success."
Retrieved May 26, 2017, from georgecouros.ca/blog/archives/5494.

Jobs, S, (n.d.). Retrieved May 26, 2017, from goodreads.com/quotes/936174-
because-the-people-who-are-crazyenough-to-think-they.

• 서문

The National Center for Education Statistics. Retrieved May 26, 2017. From
nces.ed.gov/surveys/sass/tables/sass0708_035_s1s.asp

Friedman, T. L. (2014, February 22). "How to Get a Job at Google." New
York Times. Retrieved May 26, 2017, from nytimes.com/2014/02/23/
opinion/sunday/friedman-how-to-get-a-job-at-google.html

Ferriter, W. (2014, January 28). "Should We Be Engaging OR Empowering
Learners?" Retrieved May 26, 2017, from blog.williamferriter.
com/2014/01/28/should-we-be-engaging-or-empowering-learners

Schlechty, P. (n.d.). Tools. Retrieved May 26, 2017, from schlechtycenter.org/
tools/

• 2장

The Story of Louis Braille: Louis Braille. (n.d.) (2017, May 22). In Wikipedia.
Retrieved May 26, 2017, from en.wikipedia.org/wiki/Louis_Braille

"The Toffler Legacy," Toffler Associates, tofflerassociates.com/about/the-
toffler-legacy/?fa=galleryquotes

· **4장**

"Students Unhappy in School, Survey Finds," Inside Health News.
(n.d.) Retrieved May 26, 2017, from blogs.webmd.com/breaking-
news/2015/10/students-unhappy-in-school-survey-finds.html

Carnegie, D. How to Win Friends and Influence People. (n.d.) (2017, May
25). Retrieved May 26, 2017, from en.wikipedia.org/wiki/How_to_Win_
Friends_and_Influence_People

· **8장**

Gawande, Atul. *The Checklist Manifesto: How to Get Things Right*(New York,
NY: Henry Holt, 2011). pg. 184.

Catmull, Ed. *Creativity*, Inc. New York: Random House, 2014.

· **9장**

Retrieved May 26, 2017, from youtube.com/watch?v=zVrtp3rUS3s&feature_
youtu.be

· **10장**

"The Myth of Average: Todd Rose at TedxSonomaCounty." Retrieved May
26, 2017, from youtube.com/watch?v=4eBmyttcfU4

· **11장**

Storylineblog.com/how-to-tell-a-story/Miller, D. (n.d.) Scary Close. Retrieved
May 26, 2017, from storylineblog.com/how-to-tell-a-story/

En.wikipedia.org/wiki/The_Hero%27s_Journey_(book). Hero's journey. (n.d.)
(2017, May 24). Retrieved May 26, 2017, from en.wikipedia.org/wiki/
Hero%27s_journey

존 스펜서(John Spencer)

존 스펜서 박사는 학생들을 배움의 주체이자 자기주도학습자로 성장시키는 일급 비밀, 임파워링(empowering)을 국내외 교육자들에게 전파하는 데 앞장서왔다. 그 자신이 중학교 교사로 12년간 근무하는 동안 임파워링을 통해 교실을 창의성과 기적의 요새로 탈바꿈시킨 경험이 있기 때문에 임파워링의 교육적 효과를 누구보다 확신하며 임파워링의 전도사를 자처한다. 이러한 현장 경험을 토대로 한 그의 강연은 교사들의 실질적 니즈를 충족시킨다는 호평과 함께 국내외 여러 교육학회 및 교원연수에서 큰 호응을 받아왔다. 창의성(creativiy), 디자인 씽킹(design thinking), 학생 중심 학습(student-centered learning)을 주로 연구하며 현재는 오리건주 포틀랜드의 조지폭스대학 교육공학과 교수로 재직 중이다. 교육 관련 스타트업 두 곳의 창업자이며 베스트셀러 아동 도서의 공저자이기도 하다.

저서로는 A. J. 줄리아니와의 공저 『LAUNCH(론치사이클-디자인 씽킹)』, 단독 저서 『Empowered At a Distance(원격학습에서의 임파워링)』, 『Vintage Innovation(빈티지 혁신)』, 『Making Learning Flow(몰입학습)』등이 있다.

이메일 john@spencerauthor.com

트위터 @spencerideas

블로그 spencerauthor.com

유튜브 videoprompts.com

A. J. 줄리아니(A. J. Juliani)

A. J. 줄리아니는 국내외 수많은 학회에서 '학생 행위주체성(student agency), 선택권(choice), 혁신적 학습(innovative learning)'에 관한 최고의 기조 연설자로 정평이 나 있다. 현재 펜실베이니아대학 교육대학원에 재직 중이며 이전에는 펜실베이니아주 센테니얼 학구의 과학기술 및 혁신 부문 책임자였다. 또한 유치원에서 고등학생까지 두루 가르친 교사로서의 경력과 학부모의 시선을 갖고 있어 더욱 실용적이고 구체적인, 설득력 있는 제안과 전략을 제시한다.

저서로는 존 스펜서와의 공저 『LAUNCH(론치사이클-디자인 씽킹)』, 단독 저서 『Adaptable(조정할 수 있게 하라)』, 『The PBL Playbook(프로젝트 기반 학습 안내서)』, 『Inquiry and Innovation

in the Classroom(탐구수업으로 혁신하라)』등이 있다. 특히, 대면·
비대면 어떤 환경에서도 통하는 교육과정 및 학습경험을 소개한 책
『Adaptable(조정할 수 있게 하라)』은 2022년 <월스트리트 저널
(Wall Street Journal)>과 <유에스에이 투데이(USA Today)> 베스
트셀러에 올랐다.

이메일　ajjuliani@gmail.com

트위터　@ajjuliani

블로그　ajjuliani.com

자기주도학습자로 성장시키는 힘
임파워링

2023년 06월 30일 ㅣ 초판 1쇄 인쇄
2023년 09월 17일 ㅣ 초판 2쇄 발행

지은이 존 스펜서, A.J. 줄리아니
옮긴이 윤수경

펴낸이 이찬승
펴낸곳 교육을바꾸는책

편집 마케팅 고명희, 장현주, 허재히, 서이슬, 류영림
제작 류제양
디자인 김진디자인

출판등록 2012년 04월 10일 ㅣ 제313-2012-114호
주소 서울시 마포구 양화로 7길 76 평화빌딩 3층
전화 02-320-3600
팩스 02-320-3611

홈페이지 http://21erick.org
이메일 gyobasa@21erick.org
포스트 post.naver.com/gyobasa_edu
유튜브 youtube.com/gyobasa
인스타 instagram.com/gyobasa
트위터 twitter.com/GyobasaNPO

ISBN 978-89-97724-24-6(03370)